SHANG
JINHUALUN YU JINGJI

熵、进化论与经济

周　钧◎著

图书在版编目（CIP）数据

熵、进化论与经济 / 周钧著. -- 北京 ：华龄出版社，2022.4

ISBN 978-7-5169-2275-0

Ⅰ. ①熵… Ⅱ. ①周… Ⅲ. ①经济学－通俗读物 Ⅳ. ①F0-49

中国版本图书馆CIP数据核字(2022)第093819号

策划编辑 焦 明　　**责任印制** 李未圻

责任编辑 李 健　　**装帧设计** 徐占博

书 名	熵、进化论与经济	**作 者**	周 钧
出 版 发 行	华龄出版社 HUALING PRESS		
社 址	北京市东城区安定门外大街甲57号	**邮 编**	100011
发 行	(010) 58122255	**传 真**	(010) 84049572
承 印	三河市九洲财鑫印刷有限公司		
版 次	2022年9月第1版	**印 次**	2022年9月第1次印刷
规 格	710mm × 1000mm	**开 本**	1/16
印 张	12	**字 数**	174千字
书 号	ISBN 978-7-5169-2275-0		
定 价	52.00元		

自 序

在自然科学类学科中，人们找到了众多的客观规律，并利用这些客观规律服务人类社会。对于人类社会的发展规律，尤其是政治和经济发展规律，世界各国的哲学家、政治学家和经济学家通过多年的研究，也有了很多发现，取得了很多成果，但是，远远没有达到自然科学的研究高度，这就是为什么经济学领域出现了很多流派的原因。因此，也有更激进的学者认为经济学并不能被称之为科学。

毋庸置疑的是，人类和人类社会都是宇宙、是自然界的一部分，其运行必然要遵循自然规律，其发展轨迹也必然存在着内在的客观规律。人类社会的发展规律受到自然界的何种规律的制约，又是如何作用的，其内在联系是怎样的，如此种种，笔者借此书进行一番粗浅的探讨，以起到抛砖引玉的作用，并求教于方家。

众所周知，人类社会的所有规律和法则都依从于自然界的规律和法则，自然界中的规律是人类社会法则的基础，通过分析自然界运行的法则，笔者认为作用于人类社会的最主要的自然法则有三个：第一个是物理学领域的热力学第二定律即“熵增定律”，人类出现、存在的终极目标就是加速自然界、宇宙的熵增；第二个是达尔文的进化论理论，人类是一种生物，一定会受到进化规律的约束，笔者并不是社会达尔文主义者，人类的进化已经不同于其他生物，人类之间的竞争，并非仅仅是争夺存量资源，弱肉强食，强者生存，人类更多的是在竞争发现新资源、新能源、新工具、新方法，随着经济的发展，很多弱者同样获得了远远高于从前的饮食、医疗等生活条件，很少出现弱者被肉体消灭的现象了；第三个人类要遵循的规律是“费舍尔压倒性优势选择学说（Fisherian run-away selection）”即“累赘理论”，它能够解释人类的经济活动中存在的所谓“反理性”的行为。

本书力图为经济学和社会科学找到一个自然科学的基础，并试图论述所列的自然规律是如何作用于人类社会，并解释了部分现有的经济学规律以及经济现象。人类社会的政治和经济发展的规律，并非只有上述三种自然规律在起作用，其他作用于人类社会的自然规律还有待被发现。

周钧

2020年4月于邯郸古城

目 录

第一篇　生物学基础

寻求经济学的意义，就必须探究人类存在的意义，如果不探究人类存在的意义，经济学的研究就成了无本之木、无源之水，就只能流于表象、浮于枝端末节。人类存在的物理和生物学意义是人类社会发展的最底层规律，只有深入探究这些物理和生物学意义，才能更加准确地找到经济学规律。

在自然科学领域，科学家们常常用简化和抽象的方法，对事物进行规律性研究，比如，牛顿把物体简化为一个质点，以方便研究它的力学规律；在经济学领域，经济学家的研究也采用这样的简化方法，把纷繁复杂的市场交易情况简化为两个人的交易，以求研究其规律，但是，这种简化仍然隐含着这两个交易人复杂的社会背景，比如，一个人用一只羊换取旁人的十只鸡，这个例子就包括着价值比较，以及社会价值比较链条，这会影响研究结论的得出。因此，经济学的研究需要更加简化和抽象，不仅仅是简化交易的人数，还需要进一步排除交易人的社会背景，溯源交易的最初状态，找到交易的最本质因素。这时，我们会发现已经进入生物学的领域，找到那些支配人类社会的生物学领域的规律，探究其如何作为底层规律作用于人类社会。

第一章　生物存在的物理学意义

1.1生物体出现的物理学意义

物理学的热力学第二定律（SECOND LAW OF THERMODYNAMICS），是热力学基本定律之一，其表述为：不可能把热从低温物体传到高温物体而不产生其他影响，或不可能从单一热源取热使之完全转换为有用的功而不产生其他影响，或不可逆热力过程中熵的微增量总是大于零。这个定律又称“熵增定律”，表明了在自然过程中，一个孤立系统的总混乱度（即“熵”）不会减小。热力学第二定律指出了宇宙发展的方向是朝向熵增的方向，亦即宇宙向紊乱度增加、低能态的方向发展，那么高度有序的生物体的出现是不是违背了热力学第二定律呢？物理学家们给出的解释是：生物界和生物体都可以看作耗散结构，生物体从外界引入物质和能源，排出低能的热量和混乱的物质，制造了更多的无序，所以在总体上来讲大自然的无序程度是增加了。

大自然产生高度有序的生物体这一现象合乎物理学逻辑的解释，就是生物体可以加速整个宇宙向更大紊乱度的方向发展，使得整体的紊乱度趋向于增加的态势，现实的生物界正表达了这一个现象，即生物体的存在更多、更快地消耗了能源和资源，并把它们紊乱化、低能量化。

1.2生物体诞生过程的猜想

人们对生物体的定义是：能够获取能量，逃避敌害，繁衍后代。科学家们认为在远古地球的大气和海洋里存在着甲烷、二氧化碳等含碳气体和氢气、氮气等无机气体，而远古海水中溶解了各种各样的矿物质，由于当时的大气中氧气并不存在，因此，这时候地球上的大气和水体都处于中性或还原态，原始大气和海水中必然存在一些有机物和矿物质。在闪电、太阳强烈的紫外线或宇宙射线不断的轰击下，一些有机物和矿物质反复被紫外线或宇宙射线打碎成为高活性带电粒子，这些高活性粒子不断地在远古的大气和海洋中相互化合又再次被紫外线或宇宙射线分解，经过无数次的分解组合，会产生多种多样的组合，在这些组合中，有一些分子组合存在的时间远远高于其他分子组合，在概率作用下，随着存在时间的延长，或许又使得这些分子组合的长度变大，最终形成具备一定的稳定存在能力，能够抗拒紫外线或宇宙射线分解的大分子团，即拥有了自我修复能力的分子团，这一类分子组合也许就是色素分子，色素分子可以吸收太阳光中的紫外线，把高能态的紫外线吸收转化为电子或带电粒子输出给附近的其他分子，多余的能量使得它们可以捕获海洋中适宜的分子团碎片，并输出低能态的热量，完成自我复制的过程，最早的生物体也许就是以紫外线或宇宙射线为能量来源的，这也许就是生物的起点。

【知识延伸】

（网易科技讯） 2016年10月17日消息 据英国每日邮报报道，科学家在地表以下2.9公里处发现一种奇异的杆状细菌，该菌种能够从深矿中的放射性铀获取能量。这个新发现引起科学家对生命形式的新思考，并启发人们想到在之前认为不可能存在生命的星球上，或有不受宇宙射线损害反以之为生的外星生命存在。

地下2.9公里处没有光，没有碳和氧。这些生命所赖物质的缺乏，让这些地方成为生命的绝境。然而一种杆状细菌（学名叫Desulforudis audaxviator）在地下2.9公里被发现。这种顽强的生命不仅不受宇宙射线影响、反而利用射线维生。其利用深矿中放射性物质铀（uranium）、钍（thorium）及钾分解水得到的产物而生长繁殖。

发现了以辐射为能量源的微生物，也许就是证据。

第二章　动物进化的经济学原理

2.1　生物进化的方向

达尔文的进化论理论揭示，生物是进化的，是自然选择的结果，是生物适应环境的结果。那么，自然是依据什么来选择何种生物继续存在，或灭亡消失呢？通过生物进化论学说，来观察生物进化树可以发现这样一个事实，生物由原生生物进化成为细菌、真菌、植物、动物，在动物类中则存在着由远古脊椎类动物，进化成为冷血动物、温血动物、哺乳动物，直到人类的这一进化链条。即生物体的进化方向是由简单到复杂、由低等到高等不断发展变化的，趋向于更加精密、复杂。从制造熵增的能力上看，生物单位体积耗能是不断增加的，也就是说生物进化的总方向是向更多、更快地制造无序、更多耗能的熵增方向进化。

2.2　生物竞争的本质是能源竞争

生物体的生存活动必须依靠能源，依靠消耗已有的能源来获取新的能源和物质。我们在观察生物体个体生存竞争的时候，可以发现每一种生物都在与周围的其他个体无时无刻地发生着各种各样的竞争，其竞争的目的是以相对小的能量消耗来获得更多的能量。生物个体在争夺能量，或是能量的载体——食物，并尽量节约并储存能量。生物个体之间的竞争是在保有并减小自身能源消耗的前提下，更多地获取新的能源。

每个生物个体都是能源的储存体。竞争的胜利者会得到更多的能源，或占据能够获取更多能源的空间和辅助物，如动物们在争夺领地，植物们在争夺阳光。竞争的失败者则会交出能源或空间和辅助物，甚至交出本体。由于能源、物质和空间的有限性，又迫使生物体想方设法节约能耗，例如，鱼类为了减小游动阻力，把自己的身体进化成流线型，鸟类为了节约飞行时消耗的能量，努力降低飞行重量，把自己的骨骼演化成又轻又坚固的中空结构，树木要长得更加高大，以求得更多的阳光，其支撑树冠的树干的结构也完全符合力学原理，十分坚固而又轻巧。

2.3　求偶竞争

广义地说生殖权也是一种资源，除了对物质资源的竞争，动物们还在争夺交配权，争夺交配权往往有三种模式：第一，是力量技能的较量（如野牛、雄狮等），第二是外观的比较（如孔雀、天堂鸟等），第三是持有特定物品或技能的比较（如织巢鸟、园丁鸟等）。非社会性动物，如鸟类，多采用第二、第三种方式，由雄性直接向雌性求得交配权。而社会性动物，则大多采用第一种方式，通过暴力争斗战胜其他雄性来直接获得族群中与雌性的交配权。社会性动物其雄性的族群统治者往往会获得族群中全部雌性的交配权。动物界中的三种求偶模式，对于人类似乎都在起作用。孔武有力的人可能会获得女性青睐，外貌英俊的人也可以获得女性的青睐，持有金钱珠宝也会获得女性的好感。那么，这些选择背后的因素毫无疑问都指向了这些男性可能拥有良好基因，并有能力让后代健康成长，有良好的生长条件。占据统治地位的雄性原始人具有择偶优先权，女性甚至相互竞争以求成为他们的配偶，而非统治地位的雄性原始人则需要向雌性原始人展示自己特有的物品、技能或体能，来求得交配权。这时也存在着女性对男性的选择，主要是对男性养育家庭子女能力的考察，雄性原始人努力劳作，以求获取女性的青睐。

一般动物的雌性，其性选择取向都是孔武有力、体型较大的雄性，因此，在食物充足环境变化平稳的时间内，动物们的体型都趋向于变大。远古的猿人应该也是这样的选择趋向，雌性原始人总是选择更加高大的雄性，于是人类的体形总体上趋向于更高大。然而，随着火的使用，以及工具和武器的使用，拥有强大体能的男性猿人，并不一定能够击败持有刀矛武器的其他男性，体能优势在择偶条件中逐渐被削弱。与此同时，人类寿命的大大延长，人类幼儿的哺育时间也延长了，黑猩猩的幼儿发育成熟只需要6年时间，人类幼儿的哺育时间几乎达到黑猩猩幼儿的二、三倍时间，雌性猿人不能再单纯地根据雄性的力量做出选择，持有工具和武器的男性猿人展示出了他们拥有持续更长时间的捕猎能力，以及养育子女的能力，于是她们很明智地选择了雄性的智慧、技能和工具作为择偶标准。从某一个角度看，人类的进步是由她们的选择带来的。

优胜劣汰的丛林法则同样作用于人类，在远古人类家族或部落中同样存在着胜利的控制者和失败的被控制者。选择趋向的微细变化，减弱了对孔武有力的青睐，而增加了对火的控制能力、制作工具的能力等智慧能力的条件，使得自己族群的进化方向趋向于更多智慧、技能，而不是更多力量，进化的后果是现代人类的肌肉能力比起我们的表亲黑猩猩、大猩猩等差距很大。

对智慧、技能的青睐导致人类对肌肉力量的关注减弱，进而更加注重对工具的制作和使用，而为了保持族群的食物供应和竞争能力，人们趋向于扩大繁殖并组成更大的群体、更紧密的团队或来提高应对外部竞争的能力。就个体而言增加了对火的控制能力等，掌握了用火能力的猿人，往往具有更健康的身体，更少的疾病，更多的猎物，这无疑会成为雌性猿人择偶的首选，如何取得并保住火成为雄性猿人的首要本领，这进而也促使猿人的大脑开始更多地思考。

2.4 高耗能的交配权竞争

雌性动物选择配偶的偏好和条件，也不是随意的，例如，孔雀和天堂鸟等鸟类的雄性向雌性展示自己的绚丽多彩的硕大尾羽，以求得青睐，雌性鸟类则根据硕大尾羽的绚丽程度择偶。这些绚丽多彩的硕大尾羽对于雄性鸟来讲既不利于隐藏自身逃避天敌，也不利于减小飞行阻力。在哺乳动物中也存在类似情况，雄性驯鹿硕大的鹿角，迫使它们在奔跑时付出更多的能量，雄性狮子浓密宽大的鬃毛，完全不利于快速奔跑时减小空气阻力，如何解释这些雄性动物的反节能原则的突出性状呢？为什么偏偏用“累赘之物”来作为“性感信号”呢？

笔者试着用以色列进化生物学家阿莫茨·扎哈维（Amotz Zahavi）在1975年提出的“不利条件原理”或“累赘原理”（Handicap Principle）来解释。生物个体通过展示其不利条件来向其他生物体（尤其是同种异性个体）炫耀自己具有优秀的基因——雄孔雀展示其累赘的大尾巴，其实就是在向雌孔雀们夸耀：“瞧，我付得起那么昂贵的代价，用大量额外的能量来生长出奢侈的大尾巴，拖着这么笨重的玩意还能行动自如，逃过天敌的捕杀而生存下来，这一切都是我向你们雌孔雀表明，我有着非常棒的基因，实实在在是你们首选的交配对象。”

雄性动物是在以夸张地消耗更多能量，即承担更大风险的方式，来展示自己获取食物的能力与逃避敌害的体力，来表达自己的基因的优异性。而雌性则依据雄性的表达程度进行择偶，例如，拥有更大更绚烂尾羽的雄孔雀比拥有较小尾羽的雄孔雀能够得到雌孔雀的青睐，从而获得交配权。

2.5　两性的进化过程中角色的猜想

在自然界，雄性往往会出现更多的基因突变，雄性一旦出现基因突变大多是显性表达，而雌性则往往是隐形基因突变携带者，雌性力图保持基因的稳定性。在基因层面看，偏好风险似乎是自然界赋予雄性的特性，雌性动物大多是风险厌恶者。雄性以承担更大风险、消耗更多能源的方式，来展示自己的能力和基因的优异，雌性则往往选择那些可以承受较大风险的雄性作为配偶，来降低后代的生存风险，因此，雄性的死亡率往往高于雌性。为了保障族群的生存，大多数物种的雄性在生殖过程中能够提供大量的精子，而雌性仅仅能提供远少于精子数量的卵子，即较少的雄性就可以给出足够的精子，使所有雌性受孕，来完成延续族群生存的使命。在生殖层面，雄性呈现高耗能的自身生存和低耗能的精子输出状态，雌性呈现低耗能的自身生存和高耗能的卵子输出状态，必要时，雌性还需要花费更多的精力和资源抚育后代。

这似乎是自然界最合理的安排，雄性更多地承受基因突变风险，来探究如何获取更多的能量，并以自身的生存来检验变化的遗传基因是否成功。如果基因变化的雄性在保证自己生存的同时，能够以更夸张的方式展示自己有能力消耗更多能量，比如雄孔雀长出了更大的尾羽，雄性驯鹿长出了更大的鹿角，并且仍然可以很好地生存，就说明这一基因的变化是成功的，这样的雄性就会得到雌性的青睐，更容易被雌性选择为配偶。如果基因变化的雄性不能很好地生存，在生存竞争中失败、死亡，它所携带的基因将会消失。雄性生物在基因变化试错过程中会造成较多的死亡率，但是即便只有很少的雄性生存下来，也可以使足够多的雌性受孕。

这样的繁衍选择符合自然界要求生物进化趋向于更多消耗能源、更多制造熵增的总要求。而雌性的遗传基因则更多的是保持基因特征的延续性，保守着现有的获取和节省能量的优点。也许这是世界上大多数生物种类都只有两性的原因。

雌性生物不同趋向的性选择是造成生物多样性的原因之一。同一种类的雌性动物，其个体之间的性选择往往也存在微小差异，而这个差异的累积会导致物种发生演化差异，例如，鱼类动物的祖先随着漫长时间的演化，形成了包括人类在内的数百万种脊椎动物。雌性动物的选择与人类饲养牲畜时的选择似乎是一样的，一个目标性状经过几十、几百代的选择，有极大可能会形成新的种类动物。

2.6 同种竞争求发展，异种竞争求生存

雄性生物面临的竞争，包括生存竞争和交配权竞争，雌性生物主要面临生存竞争，同种生物之间的竞争主要是雄性为了求得交配权，求得繁衍后代的权力。自然界中大多数生物都是由雌性选择和决定交配对象，雌性选择配偶的条件和偏好似乎可以遗传给后代雌性，雄性则通过满足雌性的择偶条件和偏好，通常是更高耗能的特点、特征，来获取交配权。由此可知，雌性的择偶选择条件决定了该物种的进化方向，在大多数物种中，雌性决定着本种生物的发展方

向。异种生物之间的竞争为了求得本物种的生存，猎豹追逐羚羊，羚羊逃避猎豹，鬣狗与狮群争夺狩猎空间等，双方之间的竞争是物种间的生存竞争。物种间的竞争，是求得生存所需的资源与空间。因此说，同种竞争求发展，异种竞争求生存。

上述这些证据都表明了生物竞争与进化受到两种因素影响，生物为了生存必须要很好地节约能源和利用能源。在不同物种间的生存竞争，比较的是谁能够更有效地节约能量（资源），在同一物种间，比较的是谁能够耗费更多能量（资源），大多数的雄性生物间用耗费能量（资源）的方式来比较获取能量（资源）能力的高下，求得雌性青睐，以求得繁殖的机会。这两种看似矛盾的因素，在控制着生物竞争的胜败与进化的总方向。

2.7　社会性动物的竞争特点与进化趋势

非社会性动物争夺交配权时，往往直接面对单一雌性，求得雌性的许可，或与多个雄性争夺一个雌性；而社会性动物争夺交配权时，则往往是雄性通过击败其他雄性后，直接获得群体中所有雌性的交配权，这种模式似乎能够更快地扩散优良的基因。人类最初的原始族群中的男性族长应该同样拥有族群中全部女性的交配权。在古代欧洲贵族们对属地农民和仆人享有的初夜权，以及东方国家的皇帝可以拥有几十、数百甚至上千的嫔妃、宫女，都是这一权力的影子。

自然界中的很多动物都是以群体的方式进行物种间的竞争，这可以提高防御敌害的能力，也能够提高占据、保护领地的能力，从而提高本物种的生存机会。社会化的动物在群体中时，其生存和抵御敌害的能力获得了提高，而脱离了群体，被敌害捕杀的可能性大大提高，虽然留在群体中的动物提高了自身的生存机会，但是必须让渡部分权力，例如：必须遵守进食的先后顺序，服从首领的交配意愿等。

有些动物族群是低度社会化的族群，如羚羊群、角马群、斑马群，有些动物族群社会化程度较高，如狼群、狮群。从宏观上看，可以把一个动物族群认作是一个大型生物体，低度社会化的动物族群可以被认作是低等级的生物体，社会化程度高的动物群体，可以被认作是高等级的生物体。人类的社会组织也可以被看作较高等级的生物体。人类社会组织的不断复杂化、不断提高运行效率可以看作是以族群这样的一个大型类生物体的方式进化，这可以看作是生物进化的另一种方式。社会性动物的进化同时包含个体的进化，以及以一个大型类生物体的方式进行的群体性进化，或称为组织型进化。

2.8 动物进化的经济学原理

物理学规律决定了生物进化的总方向是向更多更快制造无序、更多耗能的熵增的方向进化。而在生物能源竞争的过程中，就个体而言如果其获取的能源高于付出的能源，那么，该生物就能够生存下去，如果获取的能源低于付出的能源，那么，该生物就会灭亡。而该生物的后代种群是否会扩大，则要对比获取单位能源所消耗的自身能源，即能耗得失比。能耗得失比高，就意味着该种生物可以付出较少的能源，而获取了较多的能源，于是，它们就有能力繁衍更多的后代。能耗得失比大于一的，其后代种群就会增多；能耗得失比远大于一的生物就会占据更多的资源和空间，成为优势物种。

经过漫长的时间，生物在进化过程中产生各种各样的基因突变个体，只有少数的个体是符合物理和经济学原理的成功个体，多数不符合物理和经济学原理的个体，被生存竞争所淘汰。每一种生物体都在努力提高自己的能耗得失比，以求超过其他竞争对手获得更多的能源，来保障自己的生存。而在繁殖权的竞争过程中，雄性动物通过比其他同类更有能力负担高耗能事物的形象，来展示自己获取能源的能力，获得更多雌性动物的青睐，产生出更多的后代，这可以被看作是这种生物的盈利。而竞争失败的雄性则丧失繁育后代的机会，这可以被看作是这种生物的亏损。这就是动物或生物界的经济学。

各种动物在繁殖时都会遵从于经济规律，它们繁育后代幼崽的数量并非是随意的，是受到后代幼崽的生存概率决定的，例如：一条雌性大马哈鱼会产下数以千计的卵，是因为亲鱼在产卵后就会死去，而无法照顾这些卵和幼鱼，这些鱼卵全要依靠自然孵化，幼鱼也要依靠自己生存下来，这些卵中只有极少数能够活到成年，只有更少的仔鱼可以活到产下自己的鱼卵。而另一种动物大象则每胎只会产下一只幼崽，象妈妈和象群会努力保护幼象顺利成长，大象幼崽的生存概率远高于大马哈鱼的幼崽，因此，大象就不会生产出海量的幼崽。从宏观上看，每一种动物都只是繁育出满足种群生存的幼崽数量，它们产仔的数量符合经济学要求，即满足种群生存的最低数量。当环境变化导致幼崽存活率升高时，种群数量就会扩大，当环境变化导致幼崽存活率降低时，种群数量就会减小。每一种生物都在努力改变生存的环境，意图使环境有利于自己的幼崽存活率升高，同时，会用基因突变的方式寻找提高自身适应环境能力的方法来保障种群生存。即便是站上了食物链的最顶端的人类，也是如此。

2.9　被动理性与主动理性

经济学的一个基础假设就是理性人假设（hypothesis of rational man），在经济学领域，“合乎理性的人”的假设通常简称为“理性人”或者“经济人”。理性人是对在经济社会中从事经济活动的所有人的基本特征的一般性的抽象描述。这个被抽象出来的基本特征就是：每一个从事经济活动的人都是利己的。也可以说，每一个从事经济活动的人所采取的经济行为都是力图以自己的最小经济代价去获得自己的最大经济利益。理性的表现是根据现象预测事物的发展趋势，并作出有利于自己的应对。

当我们观察动植物时，我们同样会发现动植物们似乎都是物理学专家和经济学专家。它们有着符合空气动力学原理的翅膀，可以花费最小的动力，就可以飞上天空；动物们有着符合力学原理的骨骼，植物们有着符合力学原理的枝干，既轻巧又坚固；动物们有着符合流体力学的流线型身体，可以大大减小运动时的阻力，植物们的枝叶努力趋向于阳光最多的地方，它们的根努力向水更多的地方生长；动物们通过视觉、听觉、嗅觉等感官判断猎物下一步的去向，提前做出趋势预判，等等。动植物们的身体结构和行为方式都是力图以自己的最小代价去获得自己的最大利益。根据对理性人的定义，我们也可以认为动植物们是有理性的。动植物们尽管不懂系统的物理学和经济学，但是，它们都遵从物理学和经济学的基本原理，即能量最低或最经济原理，这是大自然所规定的基本规律。

有经济学家认为是大自然把那些不符合能量最低或最经济原理，或距离物理学和经济学最优构造和行为方式较远的动植物个体消灭了，留下的都是更接近物理学最优构造和最理性的动植物。动植物们具有被动获得物理学最优构造和最理性的能力，即非人类的生物们是被动理性。其实并非如此，自然环境固然可以消灭大量的动植物个体，但是，更大数量的动植物是死于生物之间的竞争。生物之间的竞争是生物间主动地相互比较谁更接近物理学最优构造和最理性，例如：猎豹在追逐羚羊时，羚羊会做出假动作，并突然变向奔跑，以图摆脱猎豹的追击，猎豹则根据羚羊的动作，预判羚羊的下一步奔跑方向，提前做出身体调整。预测，做出决定，并根据现象改变策略，这就是生物的主动理性。更加理性的优胜者获得能量与空间，失败者丧失生存的机会。所以，我们有理由认为：理性是生物生存的基本特性。

但是当动物们面临求偶环节时，则呈现似乎是反理性的行为特征，如雄孔雀拖着硕大的尾羽，既不利于逃避敌害，也增加了行动的阻力，无端消耗了更多能源；雄性驯鹿顶着庞大的鹿角，既不能抵御狼群，又增加了身体负担，消耗了更多能源；雄狮的茂密鬃毛，形成了巨大的风阻。动物们的这些反理性、反物理学最优的器官，就是“费舍尔压倒性优势选择学说（Fisherian run-away selection）”中所述的雄性动物用来吸引雌性的累赘器官。但是，为什么偏偏用“累赘之物”来作为“性感信号”呢？这是因为雄性动物利用这些看似反理性、反物理学最优的器官，来向雌性展示自己获取能量和空间的能力，以此展示自己的优秀，博取雌性的青睐，获得繁殖的机会。这些反理性、反物理学最优的现象，从其本质上讲也是理性的。

社会性动物除为了求偶展示的反理性、反物理学最优的现象外，也会出现社会性动物所特有的反理性的行为，如：为了救助同伴与狮子对峙的水牛群，雄性狐獴充当族群的瞭望哨兵，等等，它们表现出的损失部分自身利益的利他行为，从族群整体来看同样是理性的，这使得群体间的每个个体只需要付出较小的代价，就都可以获得生存。社会性越强烈的动物群体，其利他性、互助性越强烈，其群体的表现越类似于一个大型生物，利他性、互助性是维系社群的基础要素。

人类是通过竞争击败所有生物达到进化树顶端的最高等级的动物，必然是理性的，人类所有的看上去反理性的行为，都有其合理的解释，符合理性原则。人类作为最高等级的社会性动物，当然具备利他、互助性，即人们既存在追求利益最大化利己行为的一面，也存在让出部分自身利益帮助他人的利他行为的一面。利他行为面对不同的对象表现的程度也不一样，很明显，利他行为在帮助对象为自己的子女亲友时最为强烈；其次，为自己的团体和族群，这表明利他行为同样具有理性。当经济学家用“理性人”概念，仅仅从个体角度来解释经济问题时，就会出现现实中人的选择行为常常背离理性人理性行为的一系列假设前提。但是，从群体角度看，人们没有选择自身利益最大化，而是选择了群体和自身利益总和的最优，这恰恰是他们理性的选择，不应该将这种人的行为认为是违背了理性人假设。

第二篇 人类进化的三种方式

每一种生物都处于竞争和进化过程中，人类也不例外。生物们把优良的性征遗传给后代，通过基因突变获取新的能力。它们适应环境、改造环境的能力的获得均来源于肉体机能的进化，这一过程极为缓慢，而人类适应环境、改造环境能力的提高远远强于其他生物。工业革命后的近300年间，更呈现几何级数增长的状态，人类这种不同寻常的能力的提高，不仅仅是肉体方面获得了进化，还在于人类拥有了两项独特的进化方式：一是人类可以制造工具，使得自己更快、更敏捷、更有力量，这些工具可以看作是延长、变化和强大的人类肢体；二是人类构建了社会组织，组织化的人可以发挥出远远高于个体的能力，这些组织也可以看作是大型化的人。这两种进化方式可以称之为工具型进化和组织型进化，这是人类能力提高的最主要原因。

第三章 人类诞生的物理意义

3.1 人类与动物的分界点

目前科学界公认的是，火的应用是人类与动物的分界点。在人类应用火之前，几乎所有的动物获取能量都依赖于吞噬猎物，或类似爬行动物依靠晒太阳获得少量能量。火的应用是人类开辟了第三种能源获取的渠道。人类不再仅限于各种现有能源种类的竞争了，可以在高于其他动物的层级上获取能源了。

由于火的使用，人类制造熵增、消耗能源的能力比之其他所有动物都高了百倍以上。人类与动物分开了，这就是人类诞生的物理学意义，这也是人类进化的结果。而人类是否会灭亡，则取决于自然界是否存在一种比人类获取并消耗更多资源制造更多熵增的物种出现。

3.2 为什么只有人类掌握了火

几乎所有的动物都惧怕火，尤其是有毛类动物，动物蓬松、干燥、富含油脂的毛发，是一种极易燃烧的物质，一旦毛发被引燃，则会对动物本身造成巨大的烧伤危害，因此，大多数的动物都对火保持畏惧和逃离的态度。只有那些极少数的少毛类动物，则不像有毛类动物那么惧怕火，如非洲的犀牛，被誉为“森林消防员”，当它们发现火苗时，就会冲上去踩灭火焰，而不容易被火焰烧伤。

人类的祖先是多毛的灵长类哺乳动物类人猿，应该与今天的黑猩猩、大猩猩一样十分惧怕火。原始人类的诞生也许是由于基因突变，某个类人猿变成了毛发稀疏型的类人猿，由于缺少毛发和寒冷的因素，使得它敢于接近自然火点，稀疏的毛发使得它可以接近火，而不惧怕被火引燃毛发而导致严重烧伤，在火源周围，可以逃避敌害，也可以取食被野火烧死的动物遗骸。

缺少毛发的类人猿，如果在潮湿多雨荆棘丛生的丛林环境，并不具备生存优势，只有在较为干旱且经常发生自然火灾的稀树草原，才具有较好的生存优势。那么可以推测的是人类的诞生与撒哈拉沙漠的形成存在极大的相关性。据科学家考证撒哈拉地区在250万年之前，是森林和草原的状态，随着气候的变迁，逐渐干燥并沙漠化。而随着气候的日趋干旱，这片平原上原本生长繁茂的植物，在高温干旱的情况下可能会经常发生天然火灾，发生基因突变的毛发稀疏型的类人猿不惧怕火，在大范围火灾后的生存能力更高，因此，少毛型突变的类人猿在这个区域获得高于其他多毛型类人猿的生存优势。随着对火的接触和使用日益频繁，原始人类逐渐掌握了火的使用方法。

从逻辑上讲，这个过程不会首先是由于远古多毛状态的类人猿先掌握了火的使用，进而逐渐进化为毛发稀疏的形态。否则，今天的黑猩猩、大猩猩都有可能掌握火的使用。

第四章　火对人类身体进化的影响

4.1　火改变了人的消化系统

普通动物最重要的器官是其消化系统，这是动物转化能量的系统，仅就其体积来讲差不多是动物身体上的最大系统，而其复杂程度也不亚于动物的大脑。在动物的消化系统中，消化食物、对抗细菌和寄生虫、化解毒素，这些活动以本能的状态进行，而不依赖于大脑的指挥。因此，有人称消化系统是动物的第二大脑。在自然界中，动物吃的食物和饮用水往往都含有大量的细菌和寄生虫，消化系统对抗这些有害物质的活动，不可避免地会消耗大量能源，因此可以说，大多数动物的消化系统都是最大的能源消耗器官。

人类对火的应用之一就是烤炙食物，烤炙食物首先会杀死食物上的寄生虫和细菌；其次，会软化食物，使淀粉类食物糊化，使得植物种子类、动物肉类等食物中的蛋白质和脂肪易于吸收；其三，还能够化解一些毒素。火使得人类的消化系统负担大大减轻，消化系统对能量的消耗也大为减少，使得人类增加对大脑的能量供给成为可能。

4.2　火对人类大脑的影响

由于拥有了火这个顶级武器，远古人类逐渐成为了凌驾于猛兽之上的顶级捕猎者，食物的丰富，远远超过之前。同时，消化系统节约的能量，使得人类大脑获得了进一步发育的物质基础。而火的多变和难以控制，也促进了人类使用自己的大脑，大脑容量开始变大。思考，成为远古人类保障生存的第二法宝。

事实上，每一种生物都具有一定的智慧，所谓智慧就是指生物可以根据现象预测事物变化的能力。对事物变化过程预测的准确性和广泛性程度的大小，标志着该种生物的智慧大小。例如，猎豹追逐汤普森瞪羚时，就不断地根据汤普森瞪羚的奔跑姿势与方向，在大脑中对汤普森瞪羚的下一时刻的奔跑轨迹作出预判，并以此来改变自己的奔跑姿势与方向。如果判断正确就会以较小的消耗获得食物，判断错误就会失去猎物而饿肚子，因此判断错误率太高的生物就会消耗过多的能源，在竞争中失败而消亡。为了提高自身和后代的生存机会，一些生物力图将成功的预测方法记忆下来并传授给后代，这就是我们常说的知识。

人类无疑是最具有智慧的生物。人们在操控、运用火时，需要不断地观察火的特性，要分析应对方法，判断方法是否正确，验证方法的适用性，记忆火的各种特性和种种正确的应对方法，这就形成了大量的知识。人类预测能力的提高，大大增加了人类的捕猎成功率。较大的脑袋也许是这些拥有高预测能力的人的标志，进而这些拥有较大脑容量的人会做出更多的思考去适配资源及获取更多的资源，这都促进了人类大脑的发展。

4.3　火对语言系统的影响

所有的社会化动物都拥有社交行为，例如：猴子、狒狒和大猩猩能利用相互梳理毛发作为社交的方法，狮群也有着类似的社交行为。作为社会化的原始人应该也存在着相应的社交活动。

随着火对于猿人生存的重要性越来越大，如何更好地使用和保存火成为了远古猿人一个非常重要的问题。他们发现了下雨会浇灭火，刮风也会吹灭火，或者引起大火，于是猿人们把躲避敌害的栖息地逐渐由树上转移到山洞里，在山洞里由于能遮风避雨，火的燃烧会稳定得多，火种也便于保存。原始人在树栖的时候一般之间相隔的距离较远，夜晚时的社交活动相应较少。由于火的使用，人类进入到穴居时代，在夜晚回到洞穴，相互之间距离非常近，火堆形成的亮光，也促使社交活动更加便利和频繁，因此在这个时期原始人逐渐发展出了十分复杂的语言系统。

4.4 火对生殖系统的影响

现代人不像其他动物那样有着固定的发情期，成年人几乎可以随时和异性性交。非洲刚果河南岸的倭黑猩猩在这一点上与人类十分相似。倭黑猩猩的群体把性交作为沟通交流、增进群体感情和平息争斗的方法，可以推测的是古代穴居人，似乎也把性交作为沟通交流和增进群体感情和平息争斗的方法。

原始人生殖系统的生物钟在没有穴居时，也许与人类的近亲黑猩猩大猩猩类似，存在着固定的发情期，这个发情期受到季节变化的控制，一般类似于草食动物在某一时点开始交配，以期在雨季或食物众多的季节来临之前产下幼崽，这样可以保证幼崽的存活率。而在洞穴中生存的女性原始人生殖系统的生物钟，受到火焰温度的影响，以及较为充足的食物的影响，使得生物钟和遗传基因发生变化，成为每月都可以排卵受孕的状态，从而使繁殖能力大大提高。控制发情期的基因突变，可能最先源于非洲的原始人，也许正是这个基因的改变使得他们能更加快速地繁衍后代，进而也拥有了战胜其他动物的有力武器。

4.5 火对直立行走系统的影响

在远古东部非洲的稀树草原可能会经常发生火灾，这些最早的古猿应该类似于大猩猩或黑猩猩的行走方式，即四肢着地式行走，而这种四肢着地的爬行方式，使得它们在逃避火灾的时候，由于头部距离地面较近，很容易吸入烟尘和有毒气体而导致中毒，使得逃避速度减慢或死亡。而采用立式逃走，则可能较少吸入有毒气体，同时，也便于观察火情和确定逃跑方向。也许正是由于这个原因，经过多年的优胜劣汰，直立行走成为了古猿人的一种优势。

第五章　人类特有的两种进化方式

5.1　火与工具的产生

由于火的不可直接接触的特性，迫使原始人必须使用木棍、石头或其他物品控制火，这些用于控制火的物品就是原始工具的雏形，火的应用使原始人开启了工具的使用与制造。

原始人在使用火的过程中，发现猛兽们都十分惧怕火，甚至被火烧过的木棍上的焦煳气味，都可以让猛兽退避三舍，于是，携带着一端烧焦的木棍就使原始人起到良好的防卫作用。经过多次使用后，木棍烧焦的一端随着磨损自然而然地出现了比较尖利的矛状尖端，原始人发现这种矛状尖端更容易刺进猎物的身体，于是出现了原始的矛状捕猎工具。矛状捕猎工具可以看作是人类手爪和牙齿的延伸。

烤炙后的大块食物高温热烫，使原始人难于直接用手撕扯或用嘴啃咬，于是原始人开始使用石片切割食物，切割成大小适中、适合入口的食物块。当人们开始主动用敲击的方式制作石质切割器时，人类正式进入石器时代，这些石质切割器可以看作是人类牙齿的延伸。

5.2　人类的工具型进化

生物体通过基因改变，获得了不同于其他生物的身体机能的优势，这样的过程被称为进化，动物界的个体性进化大多是肌肉更加强健有力、爪牙更加尖利、奔跑更加迅速、身体更加符合流线型等本体性改进，从而获得优于竞争对手的能力或效果。在人类的个体性进化方面，除了身体上的进化（笔者定义为身体型进化），随着火的使用，通过大脑分析思考，进而制造出工具，取得相对其他人类和生物的能力或效果优势。这也可以看作是人类的进化，各种工具都是可以看作是人类各种器官或肢体的延伸，笔者把人类的这种进化定义为工具型进化。

人们发明的强大动力机构是人体肌肉的功能延伸，使自己可以举重若轻；发明威力巨大的武器是爪子和牙齿的功能延长，使自己可以击败强敌；发明了轮子，可以看作是腿和脚的延长，使自己跑得更快；发明了计算机是人类大脑的延伸，等等。人们能够发明各种各样的工具器物就是人类工具型进化的体现。这种进化与自然界生物体的身体型进化有所不同，相较于由变化缓慢的DNA突变导致的身体型进化，工具型进化则演变得更加快速，传播扩散也更加高效。自然界生物体DNA突变获得的进化优势只能通过繁殖手段进行扩散传播，而人类个体发明新工具所导致的进化，可以被族群中其他个体通过复制工具来使族群获得优势，从而以比繁殖手段快得多的速度使整个族群都获得类似的进化，其效率也远高于依靠基因突变。因此，人类的进化方式趋向于工具型进化，即创造各种工具来获得优势。获得工具型进化的人群，远远比没有获得类似进化的人群拥有更强大的生存能力，例如，进入青铜器时代的部族可以轻易击败还处于石器时代的部族；进入铁器时代的部族，又可以击败青铜器的部族；进入火器时代的仅仅微不足道的几十名西班牙人，就可以控制还处于冷兵器时代庞大的印加帝国；几千名火器时代的英国海军，就可以击败数万乃至数十万冷兵器时代的清帝国军队。

5.3 工具型进化的基本趋势

我们知道工具的革新和创造是对人类身体的增强和延伸，人类研制工具的目的就是为了以更小的体力付出，获得更大的回报。在猿人时期，只有那些最强壮的原始人才能捕获猎物。随着矛和投石带、飞石索之类的捕猎工具的研制成功，体能不是那么强壮的原始人也能够捕获猎物，甚至能以更小的体能付出获得更大、更多的猎物。单纯依靠体能的原始人逐渐被淘汰，依靠智力研发工具成为人类主要的竞争手段，因而可以说，降低对体能的依赖是人类工具型进化的主要方向之一。

正如同人在婴幼儿时期并不能灵活自如地使用自己的四肢一样，人们对工具的灵活应用也需要很多很多的训练。例如，一名古代的弓箭手，就需要很多的射箭技巧训练，依靠经验来判断箭以什么角度射出去，才能够命中目标。随后的工具如步枪，就增加了瞄准标尺、准星，射击者只需要遵循“三点一线”的射击准则，就可以准确命中目标，射击者熟练使用枪支所需要的训练量大大减少。因此，降低对技能的依赖是人类工具型进化的另一个主要方向。

由于工具可以被认为是人身体机能的延伸，因此，人们只有拥有一定的人身权利，并需要拥有一定的自由，才会有动力进行工具的革新和创造。但是，工具并没有直接与人体相连，工具很容易被剥夺和仿制，要使人们保持对工具的革新和创造的激情，就必须赋予人们对工具的持有权，亦即财产权。在一个社会中，人们拥有的人身权利和财产权越多，其工具型进化的速度就越快，反之，则创造能力就越弱。人类个体进化的能力是受到自由程度决定的。

5.4　人类的组织型进化

所谓的社会性动物，是指生活在一起的个体动物之间通过相互协助提高了各自生存机会的动物群体，也可以被称为组织性动物。我们可以把社会性动物组成的群体看作是一个类生物体，这个类生物体同样存在着适者生存的进化过程。社会性动物可以分为非控制型群体和控制型群体。非控制型群体就是并不存在一个或多个控制者控制群体中的其他个体来保障群体的生存，其生物学意义是通过群体预警、干扰和防御提高群体中个体的生存机会，离群的个体很容易被其他掠食动物捕杀。其典型就是角马群、斑马群，它们只是在繁殖季节进行交配权争夺，其他时间，优势个体并不控制劣势个体。控制型群体则存在一个或多个控制者控制群体中的其他个体，并通过控制其他个体来保障自身和群体的生存。控制型群体的社会化或组织化程度更高，如：狮群、狼群等掠食性动物群体就是控制型动物群体，其群体内已经出现了类似分工协作的状态，它们通过类似分工协作提高了捕猎成功率，以及捕获大型草食动物的能力。控制型群体其生物学意义是保障优势基因得到更多更好的资源，使得优势基因获得更多延续的机会；其社会化意义是，通过群体的相互协作可以提高生存概率，具体表现为草食性动物可以相互预警提高逃避敌害的能力，掠食性动物可以通过相互协作提高捕猎成功率，以及捕获体型更大的猎物。

控制型群体的整体表现更加接近于一个独立的类生物体，典型例子就是狮群，狮王处于狮群的核心地位，它基本可以不用去捕猎，由雌狮负责捕猎，供狮王优先进食，雄狮用暴力和恐吓控制群体中的雌狮，群体中的雌狮可以被认为是雄狮延长了的爪子和牙齿。总的来看，社会化程度越高的群体，其整体表现越加接近于一个更高级的独立生物体。人类群体的社会化或组织化程度相对于其他动物群体是最高的，从宏观上看，人类群体的整体表现更加类似于一个高级智慧生物体。

人类也是社会性动物，据对现存的处于原始部落状态的族群生活状态的研究，他们均分食物，人人平等，更接近于非控制型群体，因此，可以推断早期猿人可能属于非控制型群体。随着人类进化的演变，以及火的掌握和工具的发明使用，人类逐渐由草食性动物或杂食性动物演变成为掠食性动物，成为食物链顶端的霸主。人类族群也从非控制型群体进化成为控制型群体，这是由于控制型群体中，那些具有领导力的人掌控了群体中更多的资源，他们通过将群体组织化，来整合调配群体资源，提高了觅食、捕猎效率，从而使得群体具备了更优秀的捕猎能力和保护领地的能力。在控制型群体中，食物、交配权甚至是生存机会都按照群体排序分配，群体中受到控制的人们，不得不让出部分自由权力，但得到的却是更大的生存概率，这远高于他们脱离群体时的生存概率。非控制型群体的人类即便是与控制型群体的人类使用的工具相同，但是，由于其组织化程度低于控制型群体的人类，在争斗过程中必然处于劣势，甚至在竞争中消失、消亡，因此现今绝大多数的人类都是控制型群体的后代。

5.5　组织型进化的基本趋势

在控制型群体中，我们可以把控制者看作大脑，而被控制者则是他的四肢躯干等身体部分，控制者通过指挥被控制者的行动，来帮助这个群体更高效地获取更多的资源。人类组织的控制者或指挥阶层不断改进其控制群体的方式，来应对来自其他人类组织的竞争。竞争胜利的人类组织消灭或吸收合并失败的人类组织，其控制群体的方式流传下来，人类的社会结构不断地发生着变革。因此，我们认为人类还存在着第三种进化方式，可以称其为组织型进化。

纵观人类社会的进化，我们可以观察到人类社会组织模仿了生物进化的过程。最早期的人类社会组织机构非常简单，一个首领十几个族群成员，我们可以认为此时的社会组织处于原生细胞时期，有一个核心和松散的结构。后来出现了部落首领、巫师等，以及最初的经济组织——家庭，此时的社会组织可以被认为对应着脊椎动物，有一个指挥阶层作为支撑整个族群的骨干，以及初步的行动阶层组织。再后来出现了国家，其指挥阶层组织化，产生了官僚系统、法律系统等，其行动阶层组织化，产生了规模不等的手工艺工场、作坊、农场庄园等，此时的社会组织对应着更高等级的动物时期，有了结构复杂的指挥阶层，指挥阶层不再直接参与获取外部资源和维持生命等基础生产活动，转而依靠行动阶层的供养，行动阶层的组织结构较为复杂，但能够更加高效地获取外部资源和生产群体所需产品。近代社会的国家，其指挥阶层高度组织化，产生了复杂的、相互制约的立法、行政和司法系统等，其行动阶层也出现高度的组织化，产生了工业系统、科学系统、教育系统、医疗系统、金融系统等等，产生了巨大规模的公司、企业、金融机构等，此时的社会组织也许只有人体这样复杂的机体才能与之对应。

组织型进化的趋势同样是以最小的资源付出，获取更多的资源，以确保组织的延续生存。

5.6 工具型进化和组织型进化的相互作用

工具型进化一般是由行动阶层实施的，而组织型进化则是由指挥阶层实施的。我们知道行动阶层的人们拥有的人身权利和财产权越多，其工具型进化的速度就越快，反之，则创造能力就越弱，即行动阶层的自由度越大，其工具型进化速度就越快。而组织型进化的趋势告诉我们，社会的组织化程度越高，就越具有竞争力，组织化是指挥阶层对群体中个体的控制，所谓控制个体就是控制其遵从组织的调度和安排，受控制个体会在一定程度上损失部分人身和财产权利，作为补偿指挥阶层需要给受控制个体更多的利益，或远期收益。

指挥阶层对个体的控制需要消耗大量资源，当个体认同、遵从指挥阶层的控制时，组织化提高的同时，消耗的资源会减少；当个体不完全认同、遵从指挥阶层的控制时，指挥阶层需要消耗的资源会大幅度提高，以至于影响组织的运行和发展，此时的指挥阶层需要调整对个体的控制程度和范围，也就是调整控制个体的人身权利和财产权。工具型进化和组织型进化分别属于社会中不同的阶层，因此，在一定程度上是有矛盾的。如果放松对族群中个体的控制程度，可以得到较快的工具型进化，但是由于对族群中个体的控制程度降低，会带来族群整体抗击外部袭击能力的降低。工具型进化程度较高的族群，当他们面临工具型进化程度低、但组织化程度高的外族侵略时，则很可能由于工具型进化形成的优势不足以弥补组织化程度低带来的动员力量薄弱的劣势，而败于这些所谓的野蛮民族，这就是古代较高文明程度的、人口数量更多的国家族群被文明程度较低、人口数量较少的国家族群击败而灭国的原因。

工具型进化和组织型进化既相互制约又相互促进，如果没有工具型进化，人类就不会出现组织型进化，也就是说社会组织化的程度，与工具发达程度相匹配。国家和社会组织承担着对个体人身权利和财产权的保护职责，避免其遭受其他人员的抢夺和破坏，这种保护是工具型进化的基础，如果没有组织的保护，人们也就不会再创造出各种各样的工具。但另一方面，国家和社会组织又依照法律法规限制个体人身权利，并剥夺其一定数量的财产权，来维持国家族群的整体性。

新工具会对旧有的组织形成冲击，要求其改变组织形态，促使其进行组织型进化，如新型纺织机械的使用，引起了手工纺织业者的不满，造成这些人群的失业和社会不安定。

人为的高度组织化所带来的国家竞争力的快速提升，常常会迷惑统治者和指挥阶层，认为这是一条捷径。但是，国家竞争力经过快速提升后，又都陷入崩溃的状态。这是由于高度组织化需要消耗大量的资源，必须由高度发达的工具提供的高生产效率，才能持续下去。人为的高度组织化由于不是建立在高生产效率之上的，因而是一种过度组织化的行为，其国家族群本身的行动阶层并不能支持资源的大量消耗，只能依靠过度剥夺个体人身权利和财产权，以及掠夺其他国家族群的资源才能维持。过度剥夺个体人身权利和财产权，这导致工具型进化处于完全停止、甚至倒退的状态，如果不能获得足够的资源，其组织将在消耗完资源后，陷于崩溃的状态。

如何协调工具型进化和组织型进化的矛盾，是所有国家族群的统治者和指挥阶层面临的问题。在现代社会中，指挥阶层为了维持国家社会组织的整体性和协调动员能力，使用了信仰控制、利益控制等手段，其组织对个体的控制逐渐由直接剥夺个体的部分人身权利和财产权，转为权力交换和利益交换等手段，使个体由被动接受组织的控制，转为主动参与、主动维护组织，这是组织型进化的发展方向。

第六章　部落组织的形成

人类部落的形成脱胎于类人猿的族群，是以血缘关系为纽带的，早期的人类部落往往规模比较小。动物界的其他社会性动物是由更加强健的个体领导组成一个族群，正如同雄狮依靠打斗击败老狮王，利用嘶吼和壮硕的体型吓跑其他竞争者，族群中根据等级顺序进食。与此相类似，远古人类的族群首领同样利用暴力夺取统治权力，利用恐吓阻止族群成员觊觎统治地位，根据排序分配食物和交配权。

人类是社会性动物，人们为了生存需要，必须组成或加入组织参与竞争，有能力高效利用资源的人，成为了组织的指挥者，其他人则成为组织的行动者。指挥者调动行动者将资源加以高效利用，在组织内的人群就可以获得高的竞争能力和生存机会，这体现在组织化的人群可以轻易击败人数更多的非组织化的人群，组织化程度高的人群又可以击败组织化程度低的人群。如果组织的指挥者，其利用资源的能力低于竞争对手，则组织就会丧失资源，造成组织失败而被淘汰，失败的人群和组织都会丧失其生存所必需的资源和空间，因此，生存竞争迫使所有人都进行了组织化，也可以说只有组织化的人群得以生存下来。

6.1　早期部落的形式

古人类学家一般倾向于认为在人类社会发展过程中存在一个母系氏族的时期，也就是远古的猿人由雌性掌握交配选择权，族群中雌性为固定的有血缘关系的母女和姐妹，而雄性则多为暂居性的。雄性幼仔成年后，即被逐出族群，而部落的雄性首领一旦年老体弱被其他壮年雄性击败，也会被逐出族群。此时即母系氏族时期。人类的部落是一种生存组织，原始人类以部落为团队参与生存竞争，他们与其他部落或掠食动物进行生存竞争，竞争获胜族群得以生存，竞争失败族群就会消失。

6.2　父系氏族的形成

随着人类族群对火和石器的掌握，人类逐渐成为食物链的霸主——顶级掠食者，其他猛兽对人类的威胁降低，人类的数量快速增加，这时人类族群对领地面积的需要越来越大。因此，不可避免地要与其他同类族群争夺领地，为了在与其他同类族群竞争领地的战斗中获胜，就需要更多的体能远大于雌性的雄性猿人。因此，增加本族群中力量更大更强壮的成年雄性数量，成为保持族群生存的必须。族群获取更多雄性猿人的办法有两个，第一是招揽接纳流浪的雄性猿人，第二是不再驱赶本族群中即将成年的雄性幼崽。很显然，招揽接纳流浪雄性猿人会因为争夺交配权，而对族群已有的雄性猿人造成挑战，甚至会爆发族群内冲突，削弱族群的战斗力。因此，雄性猿人首领在生存竞争的逼迫下，可能会招募有血缘关系的兄弟加入部落，成为自己的同盟者，以共同维护族群的领地，保有相应的雌性猿人，雄性猿人首领会向同盟者让出部分交配权作为交换条件。另一种选择是不再驱赶即将成年的雄性幼崽，作为增加族群雄性猿人的办法。但是，保留即将成年的雄性幼崽会造成一个严重的后果，成年的后代雄性向父亲发起挑战并击败父亲后，会占有父亲的后宫，这会造成严重的近亲繁殖，从而导致族群衰亡，为了避免近亲繁殖，猿人们则会去其他族群抢夺雌性，这在中国甲骨文的“娶”和“妻”两个字上都表现了抢夺女性的含义，这在一些民族地区抢亲的婚俗习惯中也可以佐证。

部落中大量不具有血缘关系的女性的存在，导致族群中母系氏族关系紊乱，这个时期，可能形成类似北美狼群的公头狼+母头狼的双头领式的由母系氏族到父系氏族的过渡性族群结构。这个过渡性族群结构当食物匮乏时，也许会类似北美狼群只有头狼夫妇可以生育狼崽，原始人族群也可能经历过一段类似的过程。在母系氏族过渡到父系氏族的过程中，存在类似男首领和女首领的双首领阶段。食物充足时，部落中较低层级的原始人也可以生育子女，以快速扩张族群人口，提高族群对抗其他族群的能力。当部落之间的对战更加频繁和残酷时，拥有强大作战能力的雄性猿人成为了部落的绝对控制者，这时母系氏族体系崩溃，人类逐渐进入父系氏族时期。

随着男性原始人的知识、智慧和经验技能的重要性越来越超过体能，雄性猿人对于族群的重要性日益增长，年长的雄性猿人逐渐掌握了族群的领导权，人类社会进入父系氏族社会。

第七章　私有与家庭组织的产生

7.1　私有意识

广义的私有意识是生物与生俱来的本能，是生物个体占有、控制资源的欲望，私有意识的本质就是生存意识的体现。所有的生物体为了生存都必须争夺资源，争夺交配权，争夺将自己的DNA遗传下去的机会。在社会性动物群体中，由于社会性动物在构成一个群体后，可以在整体上被看作是一个生物，因此，这个群体的首领们的私有意识就成为群体意识，作为构成群体的一份子，底层成员个体的私有意识被高等级成员用暴力或信息优势所压制。当底层成员不遵从首领的意识时，就会面临被伤害、杀死或被迫离开群体丧失生存的可能。例如在狮群中，大多数时间里雄狮并不负责狩猎，是雌狮负责狩猎，而捕获猎物后，却总是优先保证雄狮先进食，而后才是雌狮，最后，才是幼年狮子，但等级相同的狮子在进食时，则会发生争抢。

在远古的人类社会中，族群的首领同样是用暴力或信息压制底层成员个体的私有意识，如离开族群就会丧失生命的生存恐惧，违背族群首领的意志就会丧失生命的生存恐惧，这迫使群体底层成员压抑自己的私有意识。当首领的暴力或信息不足以压制底层成员的私有意识时，族群就会组织涣散，如果出现新的首领建立组织击败老的首领，族群就会发生组织变更。新的首领必然也会使用暴力或信息压制底层成员的私有意识。

7.2　共生意识

我们前面说过私有的意识是自我生存意识，自然界中还有很多生物以共生的形式生存。生物共生是一种高效利用资源的生存方式，生物共生可分为异种生物共生和同种生物共生。异种生物共生，例如寄居蟹与海葵、小丑鱼与海葵，一些蜂鸟与特定的植物等等；同种生物共生，例如天鹅雌雄鸟共同抵御敌害、保卫领地、哺育幼鸟，羚羊群共同进食，羚羊们轮流监视周围掠食动物，为群体提供预警，等等。

共生意识是非社会化动物向社会化动物进化过程中，所呈现的一种意识，这种意识是社会化动物为了维护群体的存在，而让渡部分私有意识，通过帮助群体内其他个体更好生存，来保障自己的生存，或称之为利他意识。当我们仔细观察共生意识的本质时，我们还是会发现共生意识是间接的生存意识，利他的最终目标还是利己。所以，当我们从宏观上看待共生意识时，就可以认为共生意识是社会化动物群体赖以存在的基本要素。共生所带来的资源节省的效果越大，共生意识就会越强烈，反之共生意识就会淡漠，共生所带来的资源节省的效果为零时，群体则会解散或崩溃。

人类社会从宏观上可以看作是一个类生物体，人们在社会生活中与其他人从宏观上看是处于共生的状态，每个人都依赖其他人的服务或产品而生存。当我们观察社会的结构时，可以看到人类社会又能细分为多层级的组织，这些组织也都可以看作是一个个的或大或小的类生物体，最基础的组织是家庭，家庭成员之间就是一种共生的状态。相互保护和服务他人是人类组织存在的必要因素，强烈的、普遍存在的共生意识是人类社会组织发展的基石。

7.3 共生意识与私有意识的关系

共生意识与私有意识共存于人类社会，每一个个体对于其他人，都存在这两种意识，对其他人秉持何种意识，取决于关系的远近，关系越近，共生意识越强烈，关系越远私有意识越强烈。私有意识使人与人之间存在竞争关系，个体不断通过进化提高自身适应环境的能力，击败其他个体，获得更多的资源，确保优秀基因的有序传递。服从于竞争求生存的自然法则，共生意识使人与人之间构成社会和组织，并以组织的状态参与自然竞争求生存，个体通过与其他个体协作的方式，即通过组织进化的方式提高自身适应环境的能力，击败其他个体或组织，获得更多的资源，目标同样是确保优秀基因的有序传递。

个体的私有意识与共生意识是工具型进化和组织型进化的基础。一个群体组织中，过于强调私有意识，而压制共生意识，固然会促进个体进化，但共生意识的薄弱，会导致组织松散化，降低组织整体生存竞争能力。而过于强调共生意识，压制私有意识，固然可以保障组织的整体性，在一定程度上强化组织的能力，但是，其抑制个体进化的弊端也是比较严重的。私有意识和共生意识必须协调存在于组织内部。

7.4　家庭与私有财产

非洲刚果河南岸的倭黑猩猩的群体把性交作为沟通交流和增进群体感情和平息争斗的方法，把倭黑猩猩的性交行为按照目的可分为繁殖型性行为和社交型性行为。当雌性倭黑猩猩出现发情期信号时，如发出气味和形体变化时，雄性倭黑猩猩还是会发生争夺交配权的争斗。而在社交型性行为时，雌性倭黑猩猩没有发情期信号，雄性倭黑猩猩就不会因此发生争斗。

可以推测的是古代穴居人，似乎也把性交作为沟通交流和增进群体感情和平息争斗的方法。其性行为应该同样存在着繁殖型性行为和社交型性行为，原始人的繁殖型性行为和社交型性行为都存在着选择与交换。

由于人类婴幼儿必须经过长达十多年的抚养，才能够具备独立生存的能力，因此，原始部落的酋长很难像狮群的雄狮那样通过体能暴力使自己独占整个族群中的女性，更不可能在如此之长的时间内击败所有竞争者，并成功养育子女。因此，为了确保自己的地位，以及部落的强大，部落首领会逐渐让渡部分生育权，部落中较低层级的原始人也有部分交配权，也可以生育子女。由于原始部落猎取食物的能力比较低，必须组成一个较大的狩猎团队，才能够获取足够的食物，单一的狩猎者无法捕猎到足够的食物，因此这一时期的部落婴幼儿处于群生群养的状态，原始部落中的男性原始人，就会力图长时间占有或讨好一个或多个女性原始人，以确保自己能够繁育后代。

随着原始部落中猎人们逐渐可以打造更锋利的长矛、石刀等更好用的捕猎工具，捕获大型猎物所需要的猎手数量变少了，族群的狩猎行为，由全体出动，变为小规模猎手群外出狩猎。于是，能够稳定提供更多食物的男性会获得女性垂青，当族群中的男性和女性出现排他性的占有时，女性会只选择某个男性，给予其更多的繁殖机会。当某个男性可以独自抚养自己的女伴和婴儿时，族群中的婴幼儿群生群养的方式，就会让位于专门抚养自己的婴幼儿，于是家庭就会产生。

家庭是原始人部落组织进化的重要一步。家庭作为部落组织之下的一个二级组织结构具有非凡的意义，家庭是最原始的市场组织。家庭的产生是工具进化的结果，同时也是组织进化的结果，只有那些持有先进工具的人才能够有能力养育更多的人口，才能够独立构建家庭，并维持家庭这个原始市场组织的运行。家庭这个组织通过明确子女的遗传属性，保障了优秀基因的传递，族群中优秀基因获取了更多的遗传机会，更先进的工具制作技巧被传授给家庭成员，这提高了族群整体的劳动生产率。

当族群中的男性和女性出现排他性的占有时，拥有家庭的猎人，他们带回来的猎物，也就具有了私有属性。通过展示私有物品博取女性青睐，或是通过搏斗取胜获取女性垂青，是部族或族群中男性的两种求偶途径。由于男性原始人的求偶性搏斗，会造成族群力量的削弱，甚至会导致族群在与其他族群冲突中被消灭，因此，这种求偶性搏斗的方式会受到部落首领的限制。那些通过展示私有的物品博取女性欢心的竞争，不会造成搏斗伤害，也不会削弱族群力量，相反，更使男性有动力去不断研究制作物品的工具和方法，这就大大提高了劳动生产率。今天幸存下来的人类大都是依靠展示私有物品博取女性青睐的原始人的后代，男性为了求偶而收集或制作的特定物品就是最初的私有财产。

7.5　马尔萨斯人口论的错误

马尔萨斯人口论以土地报酬递减规律为基础，认为由于土地报酬递减规律的作用，食物生产只能以算术级数增长，而人口的数量会以几何级数增长，并认为这是“永恒的人口自然规律”。但是，其理论并不符合“人的行为是有目的的”这一经济学原理，也不符合各种动物在繁殖时都会遵从于经济规律这个原理。在自然环境中，任何一种生物都无法单纯依靠生殖能力获得竞争优势，无论是可以产出数亿精子和卵子的珊瑚虫，还是可以产出上千卵子的鲟鱼，抑或是可以产出数百受精卵的海龟，它们生产出的大量后代都仅仅是为了维持种群数量的稳定，其生育后代数量是受其存活率决定的。比如，加拉帕戈斯群岛的绿海龟，它们每2—4年产卵一次，6—9月为产卵季，每个雌性海龟在产卵季可以产500—1000枚卵，但是，海龟卵只有1‰的可能性活到成年，也就是说1000枚卵中只有一个能活到成年，这样的产卵数量和存活率的匹配，保证了海龟族群的数量基本稳定。如果某种生物孕育后代的数量低于其与存活率匹配的数量，则这个物种就会灭绝，如果孕育后代数量高于存活率，即便是依靠一个极其微小的生育增长率，经过漫长的时间，就可以使得某一个生物种群获得巨大的数量，以至于最终占据整个地球的所有生存资源，而这种情况是不可能持续存在的。自然界中某种生物数量的增加其根本原因在于，它们获得了相较于其他生物的竞争优势。在现实中，人口数量的增加，同样不是源于某些人的超高生殖能力或意愿，同样是源于他们获得了相较于其他人群的竞争优势。例如，古代东亚人口的增多，是因为那里的人们研究出来了土地复用的方法，利用保护地秧苗培育技术，缩短了水稻在大田的生长时间，做到了一年收获两季水稻。粮食产量的提高，自然使得人口数量迅速增加。

人的各种行动包括人类的生殖活动，都是为了达成某种经济目的，其实现目的的愿望就是行动的动机。人们的生殖活动固然是有着传播自身基因的生物学目的，同时也必然有其经济目的。由于人类的婴儿需要漫长的抚养期，需要耗费父母大量的时间和物资，尤其是意图使子女生活在较好的社会阶层，就必须耗费父母更多的时间和物资，因此，人们生育子女的数量更多受其经济目的所决定。当夫妻预期自己的子女顺利成年的生存率较低，实现他们的经济目的风险较大时，他们就会自然而然提高生育子女的数量，同时降低对每个子女的抚养投入，以应对高死亡率而导致的经济投入损失风险，提高达到经济目的的概率。随着现代医学的发展，儿童死亡率大大降低，人们就会相应减少生育子女的数量，提高对子女的抚养投入，力图使子女有更大的机会实现自己的经济目标。现实中的例子，东亚国家有养儿防老的习俗，父母需要儿女来养老，当夫妻预期自己的子女收入不会太高，难以负担自己的养老问题时，同样会提高生育子女的数量，在满足自己养老的前提下，降低每个子女的养老负担；而当社会保障比较完备时，对于养老的担忧消失，人们也会倾向于减少生育子女的数量。

人类行动就是要改变现状，而之所以要改变现状就是人们对现状的不满，其中必然有对于某种需求的追求。例如，一位中国的经济学者在考察中国西南山区的贫困山民生活时，认为是由于这些山民生育了过多的子女而导致生活贫困。但是，这个判断并不符合经济学的原理，在贫困山区生活的农民之所以要多生育子女，是因为公共服务的缺失，使得他们不得不繁育更多的家庭成员，以实现自我的分工和服务。例如，在这个贫困山区的农民家庭的一天中，家庭成员的分工是：一个孩子可以去山上放牧牛羊，一个孩子可以去山下挑水，一个孩子可以和母亲一起收拾家务，一个孩子可以和父亲一起去河谷种植。显而易见，这样的分工协作可以提高劳动效率，以获得更多的生活资源，如果没有这些孩子，这个家庭的成员就需要山上山下来回奔波，大量的时间消耗在山路上，会大大降低劳动效率，也无法提高生活质量。经济学关注人的行动，不仅要关注人究竟采取了怎样的行动，而且更重要的是要关注他们为什么采取这样的行动，这些行动的经济学目的是什么。只有这样，我们对于整个经济现象才能有更为深刻的理解。

马尔萨斯说：“过去发生的事情将来还可能发生；人口的增长会受到贫困或其他困苦因素的遏制，除非我们以资源节制的方式，并且要过道德清白的生活，力戒早婚。”马尔萨斯的观点并不正确。人口增长是人类逐渐克服贫困或其他困苦因素的结果，而不是导致贫困的原因。人类不断地寻找新的能源和资源，来支持自己的生活和发展。马尔萨斯人口论的错误在于没有察觉到人们繁育子女的行为中的经济学目的，而只是抽象地从生物属性和脱离现实的假设来说明人口规律。

7.6　发达国家人口衰减的元凶

一夫一妻的婚姻制度是人们所遵守的一项制度，这种制度违背了生物界的优胜者可以获得更多资源，即包括繁育资源的自然竞争法则。这项制度使得人类社会中男性竞争的优胜者不能够获得更多的女性，以增加自己的繁育机会。而生活富裕的女性也往往由于身体和生活幸福等的原因，不愿意过多生育子女，即便是男性有意愿多生育子女，试图另外寻觅婚姻伴侣而发生离婚情况时，因为男性会损失较多的财富，使得离婚代价高昂，这也压抑了男性的生物学生育欲望。而在竞争中的男性失败者，或那些贫穷的男人不是没有机会结婚，就是难以抚养更多的子女，这样抑制了贫困男性生育子女的愿望。因此，古代欧洲就面临人口增长缓慢的问题，他们解决这个问题的方法就是禁止堕胎。现代社会随着女性人权运动的发展，堕胎权力的放开，欧、美、日等所有实行一夫一妻制的国家，都会出现人口衰减。

人口衰减的另一个原因是社会福利尤其是养老社会化的推行。养老社会化是一种变相的人口税，经济学界公认的观点是人口税会对人口出生造成抑制。古代中国很多朝代是按照人口缴纳税负，这造成一些贫困人口由于无力缴纳人口税，而杀死新出生的婴儿。清朝时期进行税负改革，将人口税摊入田地税中，实行“摊丁入亩”的税收政策，由按照人口计税改为按照田地数量计算税负，这使得中国人口进入快速增长的时期。社保税（费）是由工作者和年轻人负担用于赡养退休者和老年人的一种制度安排，从经济学角度看，当前的工作者和年轻人是义务赡养退休者和老年人，并在他们退休后，由下一代工作者递进赡养，这个赡养行为其目标是不确定的个人。当前的工作者和年轻人还必须投资自己的下一代，使其成年后，成为合格的工作者递进负担赡养目前的工作者。而投资下一代，则是以家庭的投入为主，是投入到确定的个人。人作为经济动物，追求利益最大化是一个必然的选择，他们希望在降低对下一代的投入的同时，获得下一代人的赡养费。降低对下一代投入的主要方式就是少子化。社会福利越高，其经济学含义就是人口税负越重；发达国家的社会福利越完善，对其人口的抑制作用越大，人口衰减和老龄化是更加迅速和不可避免的。

第三篇 社会制度的本质

人类是社会性动物，几乎每一个人都生存在某个或大或小的组织中，每一个组织都存在某种规则或制度维系着组织中的每个成员间的关系。人类社会最大的组织是国家和国家联盟，国家同样依靠制度维系着组织中的每个成员间的关系。这些制度既具有主观性，又具有客观性，主观性在于制度是组织创立者和指挥阶层凭借其主观意志制定的，客观性在于如果制度不能满足组织生存竞争的需要，则这些制度将随着组织在竞争中的失败和消亡而消失。

制度是组织创立者和指挥阶层制定的一系列规则，对组织成员的组合方式和权力分配制定的办法。小型组织一般由组织创立者或指挥者依据竞争结果，对组织内的人员进行从优到劣的排序，并根据排序，分别赋予其控制、使用组织的相应资源的权限。而国家、社会这样的大型组织，则分为指挥阶层和行动阶层，指挥阶层形成了控制组织或称为上层组织，行动阶层形成了执行组织或称为下层组织。大型组织同样需要对其组织中的成员进行排序，并根据排序，分别赋予其控制、使用组织的相应资源的权限。大型组织其制度极其复杂，创立者或指挥阶层构建了政治制度，用于对其指挥阶层的人员进行排序，并促进其组织型进化，同时构建了经济制度用于对其行动阶层的人员进行排序，并促进其工具型进化。

制度主要解决的问题是——现有资源交给谁，才能获得足够的新资源，来维系组织运转。

例如，远古的人类族群在进食时，会存在平均分配和按照等级分配等方式，采用平均分配由于不能保障最好的猎手有充足的食物供给，猎手就没有足够的体力去捕获更大更多的猎物，族群就不能得到足够的食物供给。采用等级分配的族群，享用食物资源是有先后顺序，等级高的酋长和猎手会优先进食，等级低的成员依次进食。进食的等级顺序就是一种制度，当酋长和猎手吃饱了才能够更好地狩猎，才能为族群获取更多的食物，从而使族群中的其他成员更好地生存。秉持等级分配这项制度的族群获得了更多的生存资源，族群变得更为庞大；秉持平均分配制度的族群也许获得了较少的生存资源，族群相对更加弱小，在生存竞争中被强大的族群所击败而消亡。

第八章　族群或国家的类人化与制度

8.1　人类社会的竞争与进化

我们可以把社会性动物组成的群体看作是一个类生物体。社会结构简单的动物群体，从整体上可以被看作是简单生物，社会结构复杂的动物群体，可以被看作是高等级生物体。以人类社会为例，我们可以看到最初的原始人部落仅仅是最简单的组织化，有酋长和一两个长老（同盟者）在管理部落，这样的组织结构很简单，所构成的类生物体可以用低等动物来类比。

随着人口的增加，小型部落演变成为大型部落，部落首领和他的同盟者构成最原始的控制组织，来控制整个部落。部落中那些行动阶层负担了为部落生产物资的职能。当部落处于小型状态时，原始人持续获取食物的能力较低，必须依靠群体共同外出狩猎或觅食，才能保障生存，这时的人类可能处于共同捕猎、共同进食、共同哺育婴幼儿的状态。此时，即便是部落首领也需要自行外出觅食，而脱离群体的原始人很难获取足够的食物，因而被饿死或被其他掠食动物捕杀。随着工具的进化，原始人获取食物的能力提高了，不再需要共同外出觅食，只需要一部分人员外出狩猎或觅食，就可以获得足够整个部落生存所需要的食物。他们拖带食物返回营地，供给没有外出觅食的部落成员以食物，没有外出觅食的部落成员既有部落首领，也有部落中的女性和幼儿。人类逐渐由共同捕猎共同觅食的状态，进入到对食物进行分割分配、分等级顺序进食的状态，等级越高的部落成员可以优先得到更多的食物，获得更多猎物的原始人用食物引诱并固定了交配对象，从而构建了家庭。

家庭的出现，是人类行动阶层组织化的第一步，家庭首先固定了交配对象，使得优秀男性的基因传递明确有序；其次，形成了最原始的生产性组织，男性与女性的配合提高了原始人的生产效率，也提高了生存机会。生产性组织是为部落的人们生存生产物品的组织，生产性组织是原始部落的二级组织，它受到部落首领和他的同盟者组成的控制性组织所左右，我们可以把具有生产性组织的部落看作为一个更复杂化的类生物体。

当部落人口足够多时，部落的二级组织类似蚂蚁群落中的兵蚁和工蚁一样分化出专业化的控制性组织和生产性组织，这两类组织的性质是不一样的，控制性组织是那些部落统治者，为了保卫自己对部落的控制权，以及应对与其他部落发生暴力竞争，而建立的暴力型（或权力型）组织，如军队、政府管理部门等。控制型组织对外抵御其他部落的侵袭，以赢得部落组织对其他部落组织的竞争胜利。控制型组织对内保护部落首领对部落的统治，压制觊觎首领地位的部落内部潜在竞争者，这一类组织也可以被认为是部落首领的肢体的延伸。有时这些控制型组织也在对其他部落的攻击过程中，承担对外掠夺人口和物资的职能。

随着人类对工具的改良，生产能力进一步提高，当只需要较少的人就可以保证族群的温饱时，更多的人就不再从事生存必需品的生产，而是生产非生存必需品，即那些炫耀性、展示性的产品，产品种类和数量大大增加，这使得原始人之间的交换行为日益频繁。当人们不去狩猎、放牧，通过交换也可以有肉吃；不去种田，通过交换也可以有粮食吃、可以维持良好的生活时，人们开始了专业化分工。专业化分工进一步提高了生产能力，也促使了生产性组织的发展。生产性组织也出现了专业化分工，出现了跨家庭的生产组织，如诞生了手工作坊、商户等经济组织，这种生产性组织也称为市场组织。

部落酋长与其同盟者等指挥阶层控制社会或族群，由远古时期依靠个体的暴力和恐吓，逐渐演变构建成了一个系统化的、使用暴力的社会管理团队，而恐吓的方法，也演变成为具有完整体系的神话与宗教，每一种宗教或神话中都不缺少极为悲惨的地狱、鬼怪等恐怖的场景描述。而部落时期根据排序分配食物和交配权则演变成为交换和市场制度，部落中的行动阶层通过交换和市场制度取得社会排序，获取食物和配偶。

随着社会的进一步发展，社会的各种组织更加复杂化、系统化，统治性组织出现了权力分置的司法、行政和立法的组织结构。经济性组织随着生产力继续提升，人口继续不断地增加，而增加的人口又会不断地组织化，分工更加细致，现代社会的经济性组织形成不同规模大小的经济团队和组织，如现代社会中的企业、公司、社团等。每个团队和组织都分工协作完成某一些任务，每一个团队和组织都相互依存。社会中人们的组织化程度越来越高之后，就会形成系统化，如现代社会的各种工、商、金融业系统，这时的人类社会类生物体从整体上可以用类似人体来类比。国家和社会这样的类生物体或者说类人体，也在不断地发展与变化，同其他国家存在竞争关系，我们可以发现国家和社会这样的类生物体或者说类人体也处于进化过程中，这被称为人类社会的组织型进化。

8.2　人类社会进化机理

工具型进化和组织型进化是人类社会演变的根本因素，社会、国家等包容性组织的演化也是由工具型进化和组织型进化的交替发展所控制。在社会、国家的内部，成员个体间的竞争和进化以发明更加高效率的新工具为标志，持有决定性新工具的人类甚至可以被认为是新物种。当出现决定性新工具后，持有新工具的人可以有更高的生产效率，在市场竞争中取得胜利，与此同时，也促使更多的人使用新工具。制作、使用新工具的人取得竞争胜利，进而扩大生产规模，会导致社会、国家的下层组织出现演变和进化，以适应和运用这些决定性新工具。这些下层组织的改变，也会传递要求社会、国家的包容性组织发生改变来适应这些决定性新工具的运用，这就是马克思所说的，生产力决定生产关系。如果包容性组织和下层组织都不能适应和合理运用这些决定性新工具，这些新工具就不能发挥出其应有的作用。例如中国古代的四大发明，其中造纸术并没有给古代中国带来像西方那样广泛的知识传播，火药的发明也没有让中国人进入热兵器时代，而这些决定性的新发明、新工具在西方国家就得到了很好的应用，并成为催生西方国家进入现代文明的关键因素。由此可见，不能很好应用新工具的国家在竞争中失败、衰落，能够很好应用新工具的国家就会在竞争中获得胜利。

新工具的出现，即工具型进化发生后，会导致社会下层组织（也就是经济组织）的进化，同时也要求指挥阶层的组织发生改变，来适应新工具的应用。组织型进化是指人类作为社会性动物会构成组织，并以组织的方式参与自然竞争，人类的组织可以被称为类生物体，组织的指挥者对其组织制度不断进行改进，以求提高组织的信息传递、物质交换和运行效率。制度的核心功能是对组织内的人员进行从优到劣的排序，并根据排序，分别赋予其控制、使用组织资源的权力。排序错误或赋权不当的组织会在竞争中失败，优秀的组织会生存下来，并获得社会中更多的资源，包括人和物，组织规模会扩大，而其制度也会留传下来。这些制度改进即为组织型进化，让优秀的组织以更小的代价，更快的速度，获得社会中的资源，这是组织型进化的目标。

例如标枪等高效的捕猎工具的出现，以及石质的锄头等农耕工具的出现，使得小型组织即可获取足够的食物。因此，那些能够获得足够食物的优秀猎手或农夫，就可以独占部落中的某个或某几个女性，家庭原始经济组织就出现了，这是原始人的族群复杂化产生的二级组织。当出现更复杂高效的工具，如耕牛铁犁、纺车、织布机、马车等，则需要复杂、专业的组织来使用、操控这些工具。能够使用操控这些工具的优秀的人，就会从生产效率较低的家庭招募雇工，人类社会会出现更加复杂的组织，如农庄、商铺、工场等人数较多的组织就会出现。当蒸汽机、珍妮织布机、机床等更加大型的工具出现后，就会诞生公司、工厂等更复杂、更专业、人数更多的组织来使用操控这些工具，那些小型的低效率的工场、农庄、商铺的从业者就会被吸引到公司、工厂工作。当更大型的石油炼化设备、采油设备、流水生产线、电子产品生产线等现代工业中的超大型工具出现后，就会诞生集团公司等超级复杂、高度专业化的组织来使用、操控这些工具。不同的组织对应其使用工具的复杂程度，并有着与之相适应的组织结构。

工具型进化与组织型进化是相辅相成、协同发展的，如果没有工具型进化，就不会出现组织型进化，例如地球上残存的一些原始部落，数千年来他们的工具几乎没有变化，因此，他们的族群结构也同样数千年没有发生大的变化。如果出现了新工具等工具型进化，而组织型进化受到各种阻碍，没有形成可以利用和操纵这些新工具的相适应的复杂组织，则不能将新工具的效能发挥到最大。

组织型进化就是人们不断地从低效率组织转向高效率组织的过程，也是从简单组织向复杂组织转化的过程。从人类整体来说，组织型进化就是人类社会不断趋向于高度组织化的过程，人类社会的各个层级的组织都可以看作是一个类生物体，都必须通过竞争才能够获得生存所必需的资源，大到国家，小到家庭，都是一个个组织，只是规模不同而已。从国家层面来看，组织化程度越高，国家的竞争力越强劲，组织越系统化，国家的竞争力越强大。高组织化的国家，可以轻易击败低组织化的国家，例如18世纪，英国的国民大都加入公司、工厂、大型农场等组织，国民组织化程度较高，因此，英国可以轻易地击败国民大多为家庭状态的低组织化的奥斯曼帝国和大清帝国。纳粹德国的高度组织化使其可以在第二次世界大战初期轻易击败技术发展程度类似的法国。组织系统化的国家，又可以击败组织非系统化的国家，例如美国在二战中击败日本。

8.3　组织型进化的风险与效率

人类社会、国家可以看作是一个整体性组织，也可以被认为是一个巨大的包容性组织，这些包容性组织之下又存在着二级组织、三级组织，等等。人类社会的演变使得社会、国家组织不断出现分层或团块化等下层组织，出现复杂化和系统化的下层级组织等组织结构。人类的社会、国家组织可以被认为是类人生物体，下面的二级组织、三级组织等各个组织既可以被认为是类人生物体的有机组成部分，也可以被认为是小的、独立的类人生物体，组织型进化也可以被认为是组织这个类人生物体为了生存而发生的结构进化。

人类社会的所有层级的组织都是由指挥阶层和行动阶层组成，国家和社会等组织也具备指挥阶层和行动阶层，其作用分别相当于动物体的大脑和躯干四肢。人类社会的组织化有两种方式，一种是指挥阶层主导的组织化，它依靠暴力强制组织化，另一种是行动阶层自发的组织化，它依靠市场、依靠利益纽带将人们组织化，即产生市场组织，也可以称之为经济型组织。

指挥阶层主导的组织化主要是利用专制制度，迫使其组织成员因为生存或利益等原因，主动放弃部分权力，听从统治者的号令成为其跟随者。这种制度最大的优点是可以快速达到较高程度的社会组织化，可以最大限度地集聚社会资源和力量，击败技术水平类似的其他社会结构松散的组织。其缺点是高度依赖统治者的能力，统治者能力强、决断正确就会获得巨大收益，统治者能力低下、决断错误就会带来巨大危机，甚至导致组织崩溃，组织成员会损失大量资源甚至生命。

我们知道，社会组织化程度越高，其耗能越高，指挥阶层主导的组织化往往会因为统治者的控制欲，出现过度组织化。因此，其组织消耗的资源就会更多，其组织获取资源的途径，在初期是对内掠夺，后期是对外掠夺。对内夺取一些人的利益，分给自己的追随者和统治组织，以取得拥护；对内的利益掠夺不足以维持追随者和统治组织运行时，就会对外掠夺。在对外暴力掠夺的过程中，这些组织会直接与其他组织发生竞争，一旦统治者出现决策错误，无法带领本组织战胜外部组织，掠夺获取足够资源，就无法支撑其组织的耗能。因而，对外竞争的失败会破坏统治者及其团队的神圣性和唯一性，由于神圣性是不可以被质疑的，唯一性是不可以竞争的，因此，在对外竞争中一旦失败，统治者的能力就会被质疑，被质疑的统治者会逐渐丧失对团队的控制力，进而会导致更大的失败。外部竞争的失败会导致社会组织崩溃，发生权力更替，甚至被外族统治，这给整个社会带来了巨大的风险。

指挥阶层主导的组织进化随着组织规模的扩大，由于其决策机制高度依赖于统治者的个人能力，这使得社会承担的风险越来越大，为了解决决策风险问题，指挥阶层主导的组织化逐渐趋向于降低权力集中度，在指挥阶层实行权力分散化，例如汉朝实行的三卿制度，唐宋实行的宰相制度等，都是分散权力、降低决策风险的方法。

在社会基层和经济领域，古代帝王为了降低专制的风险，也实行权力分散化，如在古代中国有着“皇权不下乡”的做法，让地方的乡绅和告老还乡的官员，对地方基层的乡民进行组织引导；在欧洲，则有“农夫的茅屋，风可以进雨可以进，国王不可以进”的做法。

人类组织这个类人体生物的生存，面临着与自然界的雄孔雀一样的问题，尾羽太大会影响生存，尾羽太小又得不到雌孔雀的欢心，人类的组织也必须解决决策风险与效率的平衡问题，组织型进化是为了更好地解决决策风险与效率的平衡问题，来改变组织结构，使之适应变化了的工具和以更高的效率获取资源。

一般来讲，越庞大、越复杂的组织对风险的偏好就会越低，会尽力避免由于组织最高指挥者由于个人的因素导致决策失误，致使组织陷入困境。这决定了人类社会的进化方向是随着国家和社会类人体的规模扩大，最高统治者的权力就会被逐渐分散；随着社会的统治性组织和经济性组织结构越是复杂化、多元化和系统化，与之对应的权力构成就必须多元化和系统化。

古代的帝王并不愿意过分地稀释自己的权力，因为，这会让他丧失对国家的控制权，他会限制统治性组织和经济性组织的复杂化、多元化和系统化，尤其是阻止经济性组织的发展壮大。由于东方的帝王们是政教合一，对社会的控制能力是巨大的，可以非常轻易地毁灭国家内部的某些经济性组织，因此，这些国家的经济组织要么依附于统治组织，要么自我限制发展规模，在组织经营上存在着短期化行为，而研制大型工具需要长期和持续的巨额投入，巨大的风险迫使经济组织的管理者放弃研发大型工具的企图。即便是出现了类似珍妮纺织机或蒸汽机这一类大型工具，但是，并没有与之相适应的大型的经济组织操控这些大型工具，也就无法达到较高的生产效率，这就是为什么工业革命并不会诞生于农牧帝制社会的原因。

在古代欧洲，教会代表了最高的神圣性，教皇通过对帝王们的涂油礼和加冕仪式赋予其神圣性；欧洲的帝王们只有相对较弱的神圣性，不得不依靠更多的暴力才能维持其统治，更多的暴力必然需要更多的资源支持，当资源不充足时，就不得不缩小维持其暴力统治的范围，因此，帝王们的权力就会被稀释给贵族和平民。

很显然，权力分散会导致组织运行效率的降低，一个社会的最高统治者的权力在逐渐分散，从而导致社会的整体效率降低，这并不是社会进化所希望的目标。当最高统治者的权力在逐渐分散的同时，社会中的另一些领域，如经济领域，大量组织被建立起来，组织的指挥者拥有了比较大的控制组织和资源的权力，原有的一家一户散布的微小型经济组织，逐渐被工厂、企业、公司等大型经济组织取代，人们在一定程度上放弃自由，接受企业家、资本家的指挥，从事生产工作，在这些领域权力趋向于有限的聚集，则会使得整个社会的决策效率大大提高。这个时期的社会组织进化可以被称为权力分散式的组织化。

随着欧洲开始了大航海时代，远洋的帆船、珍妮织布机、蒸汽机等大型的新时代生产工具纷纷出现，而操控这些大型工具的经济组织也逐渐扩大，欧洲的帝王由于只具有有限的神圣性，以及相对薄弱的统治架构，因此，不得已放弃部分权力，允许贵族和商人们建立这些组织。商人们对新工具、高效率工具的渴望，引发了知识和科学的广泛传播和深入研究，于是整个社会逐渐演变为权力分散式的组织化。

8.4 类人化的国家族群

蚂蚁社会这个类生物体中的蚁后为指挥阶层，工蚁、兵蚁是行动阶层，蚁后发布信息控制工蚁和兵蚁的行动，这是垂直信息交流。工蚁和兵蚁按照蚁后的指令建设蚂蚁巢穴和供养蚁后、幼蚁，而捕食和防御则依赖于工蚁、兵蚁之间具有的横向信息和物质的沟通交流机制。由于工蚁和兵蚁数目众多，横向信息和物质的沟通交流机制保证了行动阶层的效率。

虽然人类社会更加复杂，但如莫斯卡在《政治学要义》一书中所言“从文明刚刚起步的社会，到最发达强大的社会，只有两个阶层：一个是统治阶层，一个是被统治阶层”。当我们把人类社会看作是一个类生物体时，统治者和被统治者并不是不可调和的矛盾双方，他们也可以是相互依存的合作者，具备智慧和协调能力的人充当指挥者，具备体能或技能的人执行指令，这使得组织的效率获得提高，组织中的每一个个体都因此而获益。换一种更加温和的说法是，社会结构的上层统治者可以被看作是指挥阶层，社会结构的中下阶层可以被看作是行动阶层。由于人类之间的合作，使得人类成为地球上最成功的生物之一。由于人类社会分工极为复杂，人类社会也不仅仅存在由上层指挥阶层发布指令信息、下层行动阶层接收行动指令的垂直信息系统，各个行动阶层的每个成员之间也会存在横向信息交流和物质交流的运行机制，这个横向信息系统在大多数国家和人类历史的大多数时间均为市场机制。这两套信息系统的存在，保障了社会运行效率，而且其交互机制更加复杂。

从宏观上看，人类社会中的国家族群乃至下级组织，与蚂蚁社会类似，都可以看作是一个相当复杂、更大型的类生物体或类人体，这些类生物体也像普通生物体一样，通过相互竞争获取资源，比如，国家族群或组织之间的对抗、联合甚至战争，在竞争中，国家族群或组织不断地改进自己，努力争取优势地位，失败的国家族群或组织则会让出控制的资源、人口。由此可见，国家族群或组织的演化在一定程度上也遵守达尔文的进化论。

8.5　远古人类部落的运行机制

在动物族群的内部存在生存竞争机制，竞争的胜利者获得控制族群的权力，优先进食的权力，获得交配的权力，以及控制失败者的权力，甚至是驱逐杀死失败者的权力，这就是优胜劣汰的丛林法则。这个法则看似残酷，却完全合乎自然的规律，使优秀的基因被传递下去，以确保种群的生存。人类部落的运行机制也同样要解决谁控制族群、谁获得资源，即谁优先进食、谁获得交配权的一系列问题。

社会性动物的竞争，除了个体的资源竞争和生殖竞争外，还出现了动物争夺族群控制权的竞争，获得了族群控制权的动物就会获得优先的资源和生殖权力，如狮王的优先进食的权力，以及交配权。在动物界，社会性动物争夺族群控制权的竞争只由暴力所决定。

在人类社会，同样存在着族群控制权的竞争，在最初的原始人族群如母系氏族性质的族群，也许类似由雌狮组成的狮群，雄性原始人相互争夺族群的统治权力，获胜的族群统治者获得族群中全部雌性的交配权，争夺族群控制权的竞争可能是雄性个体之间的暴力争斗，胜利者获得交配权。随着人类族群由母系氏族演化为父系氏族，部落规模的日益扩大，雄性原始人仅仅凭借个体的体能优势控制整个族群就显得力不从心了。雄性原始人个体之间的一对一暴力争斗已经不能确保他可以获得族群的控制权了，这时希望获得族群首领位置的雄性原始人就会按照一定的方式选择其他雄性结盟，如血缘关系。这在自然界中也同样存在类似的行为，如雄狮兄弟组成的争夺狮群控制权的联盟。雄性原始人用权力和利益拉拢其他雄性猿人与之共同构建一个原始团队，依靠结盟构建的原始团队，来击败其他雄性原始人个体或其他原始人团队，来获取族群的统治权，这时的竞争呈现出原始的团队对团队的争斗。

8.6 国家运行机制的演变

国家和族群类似狮群一样，首先要有明确的判断谁是领导者和指挥阶层的机制，选择领导者和指挥阶层的机制我们称之为政治制度；其次，是提供给行动阶层的人们实现竞争资源的机制，我们称之为经济制度。政治制度和经济制度就是一个国家的运行机制。政治制度决定了经济制度，经济制度会影响政治制度，政治制度和经济制度的优劣决定了一个国家的兴衰罔替。国家运行机制的本质就是判断应该把资源交给谁，机制合理判断正确，选择的人能够更高效地利用资源，战胜外部的竞争者，那么，国家就会兴盛。自然界的优胜劣汰法则同样适用于人类社会，拥有适宜政治制度和经济制度的国家获得生存，反之则会消亡。

8.7 国家运行的物质、信息交换和控制系统

一个国家这样的社会组织可以认为是类生物体，如同真正的动物体一样，其运行都必须解决内部的信息传递和物质传递的问题，必须组建信息交互系统和物质交换系统，并由信息交互系统控制物质交换系统，以保证组织的正常运转。信息交互系统也可以称为控制系统，控制系统进一步细分为显性控制

系统（意识系统）和隐性控制系统（本能系统）。例如，动物体内的信息交互系统是神经和内分泌等系统负责传递信息，控制肢体和内脏等各器官的工作和运行。动物的物质交换系统由血液系统和淋巴系统等负责传递氧气和养分。动物体内的信息系统既有纵向的信息交换系统，也存在细胞间的横向信息交流系统，动物体的每一个细胞都发布信息，同时也接收信息，每时每刻都与其他细胞进行物质交换。动物体的每一个细胞由于所处的层级或作用不同，它们进行的信息量和物质量的交换程度也各有不同。

我们通过考察生物体的运行机制，就可以对应了解人类社会这个类生物体的组织运行机制。低等级的生物体（如水母）的控制系统则不存在显性控制系统（意识系统），只有隐性控制系统（本能系统）。高等级的生物体（如人类）的控制系统存在显性控制系统（意识系统）和隐性控制系统（本能系统），显性控制系统由人体的大脑完成，负责指挥完成大型的动作，隐性控制系统即本能系统由细胞、组织或系统在神经、激素或信息素的指挥自行完成功能。例如，人类消化食物的过程、伤口愈合、各种养料输送分配、呼吸、心跳等都是本能系统控制。而人类的跑、跳、行走、说话等过程都是受到意识系统的控制。本能系统维持生命的最基本过程，这种机制大大减轻了大脑的工作负荷，同时也提高了应对某些危机情况的速度。面对问题只有在隐性控制系统无法应对时，显性控制系统才会出手解决。而显性控制系统通过学习、辨识、思考，进而预测、判断、行动，以避免整个机体陷入危机境地。

在前面，我们认为社会性动物群体是类生物体，可以将其看作是一种生物。当其社会组织非常简单时，其控制系统同样只存在本能系统，而不存在意识系统，例如狮群在捕猎时，并不存在一个指挥者发布控制信息，而是各个狮子只是出于本能在协同作战。当社会组织变得复杂时，类生物体的控制系统就会出现显性控制系统（意识系统）和隐性控制系统（本能系统），人类社会的组织、族群、国家的组织结构十分复杂，其运行机制也同样存在着显性控制系统和隐性控制系统。国家层面上的显性控制系统可以称之为政治系统，其运行依照制度或社会制度等规则，制度是由社会结构的上层领导者即指挥阶层构建，便于他们指挥调动社会资源用以完成显性的大型行动，其目的是预测、判断并避免整个社会陷入危机，并保障他们所拥有的社会控制权，它是纵向的长程型社会控制系统。国家层面上的隐性控制系统可以称之为经济系统（或市场交换系统），其运行规则是由社会中的各个组织、部门或个体的人依据法律、道德、规则和习惯，通过交换物品、劳动力、服务和信息等行为，自行完成自然赋予的社会功能，并且受到指挥阶层的影响，在不违背自然竞争法则的前提下，实现指挥阶层的意图。其目的是使整个社会在自然竞争法则的前提下高效运行，是横向的短程型社会控制系统。

显性控制系统主要是由行政系统和法律系统组成，由社会暴力维持运行，很显然这是一个强制性的、高耗能的社会控制系统，隐性控制系统主要是由习俗、道德（宗教）系统来规范，由利益引导、道德评价和率先垂范等软性力量维持运行，是自发性的、低耗能的社会控制系统。

8.8　国家族群的制度竞争

每一个国家族群都与其他国家族群发生着生存竞争，影响其竞争成败的主要因素是其制度，一个国家族群内部的成员在其制度的规范下进行相互间的竞争，实现其在国家族群内的排序位置，而获得与其位置相对应的物质或服务。其中的每一个人都通过显性控制系统（政治系统）和隐性控制系统（市场交换系统）获得一定的物质或服务，显性控制系统是强制性的分配物质或服务，市场交换系统则通过自愿交换的方式分配物质或服务。

国家族群的制度也规范着族群成员中什么人可以成为指挥阶层，也规范着其指挥阶层成员间的竞争，这些竞争决定着指挥阶层成员的排序位置，进而决定其控制组织内部资源的多寡。指挥阶层构成了国家族群的显性控制系统，即政治系统，这个系统对国家族群的影响是极为重要的，这是因为显性控制系统控制了国家族群的最多也是最重要的资源。依据制度选择的指挥阶层的成员，他们如果是恰当的人选，则会高效利用资源，如果不是恰当的人选，则会造成资源的浪费和社会效率的低下。

由于作为隐性控制系统的市场交换系统是类似于人体的本能系统，是人类社会化的基础，市场交换系统使人们通过交换物品、劳动力、服务和信息等行为，构成了个体的竞争，竞争的胜者获得更多的资源，这使得优秀的基因获得较多的资源，包括交配的权力，从而提高整个族群社会的总和资源利用效率，也使得较差的基因丧失资源，甚至丧失繁衍后代的机会。

作为显性控制系统的政治系统可以促进或阻碍、甚至扭曲市场系统，即“有形的手”可以改变“无形的手”，但是这种阻碍和扭曲都是暂时性的，如果阻碍和扭曲市场系统是违背自然法则的，其显性控制系统必然会崩溃，也可能在其崩溃之前就导致族群灭亡。反之，如果显性的控制系统可以促进隐性控制系统运行，这个国家的国力就会发展顺利。

很显然，国家族群的运行机制，虽然是类人化的，但是与人体的运行机制有着很多不同，比如人体的体细胞不会变成为脑细胞，但是，作为国家族群中个体的人是处于指挥阶层还是行动阶层并不是一成不变的，通过显性控制系统和市场交换系统下的竞争，可以改变个体的人所处的阶层。如何以最小的代价选择出族群或国家的指挥阶层，乃至最高统治者，是显性控制系统需要解决的首要问题。如何使社会的行动阶层服从指挥阶层的指令，是政治和市场交换两个系统需要共同解决的问题。

由于国家族群之间的竞争类似于生物体之间的竞争，哪个族群或国家竞争失败，就会被消灭或吞并。在自然法则的推动下，采用不适合制度的族群或国家就消亡了，随着族群国家的消失，他们所采用的制度或者被改良了，或者消失了。

8.9　权力的诞生

对于自然界非社会化的生物，其生存所依赖最基本的要素是个体能力，有能力的生物可以获得生存所必需的资源，没有能力的生物丧失生存所必需的资源。直到出现社会化的动物后，才会出现权力的概念，权力是社会性动物为了群体的生存，群体中一些个体依靠暴力控制其他个体，并对群体资源的控制。比如狮群中，雄狮很少参与狩猎，大多是雌狮负责捕猎，一旦雌狮成功猎获食物，雄狮总是第一个进食，这就是权力，雄狮不经常参与狩猎却能优先获得食物，其原因无非是：第一，避免在狩猎中受伤；第二，节约体能随时应对外来雄狮的挑战，以避免频繁更换狮王造成幼狮大量死亡。这个权力是雄狮依靠暴力击败其他雄狮而获得的，狮群中的雌狮们作为一个整体，在生存和繁衍压力之下，接受雄狮的控制。

8.10 利益取得与分配机制

所谓利益就是指一个人或组织为了生存而拥有对其资源的控制权。在部落中，最高统治者和盟友们一般是通过暴力，占据了绝大部分资源控制权，行动阶层等其他族群成员则占据较少的资源。最高统治者用分配资源的方法构建自己的统治团队，部落规模较小时，统一分配甚至包括整个部落的中下层成员，在这期间市场并不存在。随着部落人口增多，整个部落所有成员都由最高统治者分配资源的方法变得不再有效率，最高统治者只能顾及他的统治团队的资源分配，而顾及不到人数众多的下层族群成员，行动阶层成员的资源分配由竞争获得，其竞争规则或利益取得机制受到最高统治者及其统治团队控制。

由于族群或国家的指挥阶层控制了大部分的资源，在父系氏族时期指挥阶层为男性，他们拥有了选择女性配偶的权力，部落中的女性成员需要相互竞争，以求得男性指挥阶层的青睐，获得生存所需的资源。与自然界大多数动物都是雌性选择雄性所不同的是，这期间男性对女性形成了一种反向选择，男性对女性的选择，主要是对女性生育能力的判断，如隆起的乳房、细瘦的腰部和比较宽的臀部等，男性统治者对头发、眼睛的颜色的偏好，也造就了女性外貌的演变。也许她们是在这个时期开始了一系列趋向于柔美的进化，如乳房变得更大，以至于影响到她们快速奔跑的能力，这时的女性就不再适宜追逐猎物，也不能快速躲避掠食者的攻击，她们需要男性带回更多的肉食，以及可以对抗猛兽的强力保护，她们的骨盆变得更宽大，可以孕育出更大型的婴儿，在怀孕期间也会变得更加脆弱，需要更多的食物和保护，她们变得更加美丽和可爱，以求吸引处于部落中更高位置的男性。

在部落中，处于行动阶层的原始人，他们并没有类似的幸运，他们仍然要为了获得生育资源而竞争，换句话说就是争夺传递DNA的机会。在这种竞争的过程中，男性不断地用各种方式显示出自己的能力，女性会拥有自然界最原始的选择权，即对男性形成选择压力，为了获取女性的青睐，这部分男性原始人会使尽浑身解数。

一个族群或国家其指挥阶层的利益获得通常是由暴力取得，并按照权力大小顺序分配，而其行动阶层的利益获得通常是由市场交换取得。如果有良好的利益取得机制，则可以避免族群成员相互厮杀、欺骗和伤害，提高族群成员间的相互信任、团结融洽和谐的关系，又能使更多的资源流入更能有效利用资源的人手中，并帮助最高统治者很好地控制或组建更大规模的部落或国家组织等类生物体，进而提高部落整体的实力，确保在部落或国家之间的竞争中保持不败，从而更好地生存下来。现代政治机制和市场机制是自然进化的产物。

从历史的角度看，族群部落中资源的分配，呈现出两种方式：第一，是通过暴力争夺获取资源，或者被称为按权力分配资源；第二，是通过市场相互交换物品或服务获得资源，即人们向他人提供耗费资源较少的物品和服务，而获得他人耗费资源较多的物品和服务，这样就依靠其自身能力获得了更多的资源，或者可以被称为按能力分配资源。这两种资源分配模式长期存在于人类的生活过程中，它们各有各的作用。按权力分配资源模式是建立组织的必须，任何组织中的指挥阶层都必然要得到组织优先保护和供养，他们提供组织所必需的行为规则、方法和秩序，他们是组织存在的根本原因。组织中的行动阶层依从行为规则、方法和秩序开展竞争。行动阶层对行为规则、方法和秩序的遵守和突破，以及指挥阶层对行为规则、方法和秩序的维护和修正，促进了社会的进步。那些无政府主义者和唯市场论者并没有看到这两种资源分配模式的不可或缺的特性。

8.11 政府和法律的起源

面对人口增多的族群，获得族群控制权的新首领会释放出部分权力，并按照一定的方式与盟友分享族群的权力，如交配权和进食的权力，以此来奖赏与自己结盟的雄性个体，维系这个团队，以求击败外部和内部的挑战者，持续稳定地控制本族群。失败的雄性个体也许并不会被赶出群体，只是在交配权和进食的次序上呈现为低层状态。这种原始的团队构建和权力分享的机制就是最原始的族群运行制度，这种原始的结盟团队是政府的原型，这种权力分享的制度是法律的原型。一个良好的运行机制可以有效地保持族群力量，取得对其他族群的优势，低劣的运行机制会导致族群内部争斗不已，相互抢夺杀戮，导致族群力量衰弱，甚至被外族灭亡。所以说，我们现代社会的运行制度是由环境（包括自然和人文的环境）选择确定的，一些社会运行机制也许在制订之初是某位统治者的心血来潮或突发奇想确定的，但是这些制度会经受环境的考验，适合环境要求的就被保留下来，反之就会消亡。

8.12 利己行为和法律

法律是源于自然法则的，它在人类社会的出现始于部落的酋长等指挥阶层用暴力迫使其他男性尊重他所保有的对女性交配权和优先进食的权力。这很类似于雄狮争夺狮王地位，从而获得了交配权和优先进食权力。如果有人挑战酋长的权力，就会被惩罚或杀死，所以说法律的最原始形态就是族群首领基于利己的原因，而为族群成员制定的行为规范。

在狮群中，新狮王击败老狮王，并杀死狮群中老狮王的后代的现象，也存在于大猩猩的群体中，也可能存在于人类社会早期。当老酋长丧失体能暴力之后，就会在暴力争夺中败给更加年轻有力的新酋长，从而丧失这些权力，并被新酋长杀死其年幼的子女。由于人类需要更长的时间养育幼儿，因此，如何长时间保有酋长地位并直到其子女成年，成为原始部落酋长面前的一个主要问题，原始部落酋长可能会利用结盟的方式，联合其他男性共同持有酋长地位，这必然会让渡部分酋长权力，与盟友划分配偶和食物，这就是家庭的原型。当家庭出现后，部落的酋长等指挥阶层，需要对妻子保有较长时间的独占权和保护年幼子女的生存权，即便是在他年长力衰的时候。为了保护这一权力，制止族群中其他的男性觊觎自己的后宫，于是酋长及其盟友制定原始部落中明确的行为规则，这就是法律的起源，法律是利己的和强制性的，依靠暴力来确保族群中的大多数人遵守。随着人类社会的发展，随着家庭和私有财产复杂化，法律保护的范围逐渐扩大，并明细化、成文化。

8.13　利他行为和道德

最初的利他行为是源于生物的共生，利他行为是通过帮助其他生物，从而获得对自己有益的结果，例如寄居蟹与海葵。利他行为在社会化动物群体中得到更进一步的发展，成为共生意识，它体现在个体动物之间的相互救助行为。这是因为社会化的动物群体，在宏观上看他们成了一个类生物体，组织中的个体相互救助不但有利于群体的生存和发展，而且也是组织存在的必要条件。自然界中的非洲水牛群在面对狮群进攻时，由群中成年公牛自动围成防御圈，将母牛、小牛保护在中间，避免遭受狮群捕猎。狮群中有母狮捕猎受伤后，群体中的雌狮姐妹也会给予照顾和分享食物。

人类是社会化动物，人类早期的部落规模都比较小，且由于人类的幼儿需要漫长的成长期，抚养成本非常高，损失一名猎手也许会造成整个部落挨饿，所以，族群中的每一个成年猎手对族群的生存都极为重要，在捕猎危险动物的时候，族群猎手之间的相互救助、相互保护，就显得极为重要。人类群体中的利他行为就是道德的原始状态，利他关乎族群的生存。

不能够良好地相互救助、相互保护的族群，其组织松散无力，会在与其他族群竞争中失败，进而被淘汰。这种相互保护的行为就是利他主义和社会道德的起源。经济学家们认为理性人都是利己的，或者说利他行为不符合利己，在实际情况中，利己和利他的行为都反映了人们的理性，作为社会化的理性人一定是兼具利他和利己两种观念的。

人类产生道德观念，同样是基于组织化生存的需要，在部落组织中的每一个个体都必须相互帮助，即拥有利他性的道德观念，才能使组织成为一个有机整体。道德要求原始族群的人们相互救助，而相互救助可以确保整个族群尽可能少损失猎手，而组织化的猎手可以更高效地捕猎，获得更多的猎物。道德也要求原始人相互分享食物，使得那些一时没有获得猎物的族群成员，不会被饿死，而自己也能在一时没有获得猎物的情况下，会有其他人分享的食物充饥。这个建立在利他行为基础上的道德机制，可以使得族群减少人口损失，提高生存率，进而使族群人数增多。此外，数量众多的族群成员可以在与外族作战时，有较大的获胜把握。

道德是要求族群成员放弃眼前的自身利益，而追求远期的较大的利益。道德是依靠族群的指挥阶层引导、示范来起作用的，而不具备强制力，如果族群成员遵守道德放弃了眼前的利益，而能够真真实实地获得了远期较大的利益，那么这样的道德就是真实的，反之就是虚伪的道德，族群成员就会放弃遵守道德，而追求眼前的利益。

一个族群的猎手缺乏相互救助、相互保护的道德，那么，这个部落的猎手就会很容易受伤死亡；一个族群的猎手缺乏食物分享的道德，那么，未捕获猎物的族群成员就会挨饿甚至死亡，这时部落就会人口减少，进而衰亡。反之，具备相互救助、相互保护和食物分享道德的部落就会成功，并繁衍出更多后代。由此可见，拥有道德的人群是自然选择的结果。

8.14 道德与法律

一个国家或族群社会的运行制度中最为重要的保障系统是法律系统和道德系统，这两个系统是国家或族群运转、运行所必需的系统。道德是由国家或族群社会的指挥阶层宣扬并率先垂范来引导行动阶层行动的利他性的行为规范。法律是由国家或族群社会的指挥阶层制定、率先遵守，并强制行动阶层行动的利己性的行为规范。

法律系统是高耗能的强力型社会维持系统，它首先是维持指挥阶层对社会的控制权，维持最高统治者对指挥阶层的控制权；其次，是告诉社会中的人们不能做什么，多以暴力、强制和惩罚为手段。而道德系统是低耗能的软性社会维持体系，道德系统的目标同样是维持指挥阶层对社会的控制权，维持最高统治者对指挥阶层的控制权，它告诉社会中的人们最好去做什么，多以说教、演示和名利诱惑为手段。道德系统与法律系统互为表里，法律和道德最基本的作用是维护国家或族群指挥阶层对类人体组织的控制，意即维护组织的秩序，维持国家或族群的竞争力，确保族人的生存。

8.15　宗教和知识的起源

所谓智慧，就是指生物体可以预测事物的发展趋势，并作出合理的应对的能力。例如，猎豹观察并预测哪一只羚羊可以被捕获，追逐羚羊时判断羚羊的距离和速度，并在合适的时机扑倒羚羊。每一种生物都具备一定的智慧，即预测和应对的能力，社会性的动物具有更高的智慧，人类具有动物界最高的智慧，宗教是人类智慧的标志之一。

大多数社会性动物的种群中，占据其族群统治地位的动物大都通过暴力、恐吓和排序来维持和控制族群，如雄狮通过暴力击败原有的狮王，而获得狮群的支配地位。新狮王也全力保持体能，随时接受其他雄狮的挑战。狮王也会利用吼叫、气味和体型等信息恐吓族群中的雌狮，或恐吓前来挑战的其他雄狮，如果能够利用信息恐吓击败对手，则可以避免暴力争斗消耗更多的体能。

作为更高等级的社会性动物，远古人类同样是依靠暴力、恐吓和排序来维持和控制族群，只是依靠恐吓和排序等手段来维持族群的比例更大。随着人类对火、工具的使用，人类族群的统治者获得并保有其统治地位，就不能仅仅依靠吼叫、展示体魄等简单的恐吓方法，由于人们对未来和不确定性的事物具有恐惧感，于是首领们将吼叫、恐吓转变为对未来的预测和对不确定性事物的判断上，这需要更多的技巧技能和智慧。首领们更多的是依靠技巧技能和智慧来吓阻族人和外部竞争者，获得并保持统治地位，如何显示这一类看不见的间接优势，即技巧技能和智慧，成为部落首领所必须面对的事情。

随着人类组织越来越复杂，越来越像一个类人体，统治者及其团队的职能更类似于人体的大脑，即统治者及其团队必须展示智慧，不断地、想方设法地向族人展示其预判的准确性，以及采取的应对措施的有效性，通过预判事物的发展采取合理的应对措施等，展示自己能够带领团队获得竞争胜利。远古的族群统治者往往利用自己掌握的、而族人并不知晓的知识或能力，比如编造神鬼等事物来解释自然现象，预测事物的发展，并利用恐吓、暗示、诱导来控制族人，使族人相信其拥有超越其他所有族人的技巧技能和智慧，即相信他们的神圣性，从而维护了他的统治地位。

经过漫长的岁月，统治者结合道德系统，构建了一整套的解释自然现象的知识体系，即建立了基于道德系统的宗教体系，每一种宗教或神话中都有极为悲惨的地狱和恐怖的鬼怪等场景描述，这是其恐吓作用的体现；同时也大多描述了美好的天堂等场景，这是其引诱作用的体现。每一种宗教或神话中都对天地万物的来源和运行始末进行了描述，从这个意义上讲，我们可以认为宗教体系就是远古的知识体系。因此，远古的族群统治者往往是宗教的传播者，也是族群知识体系的核心。如掌握了火的使用方法的首领，会宣称他是火神的后裔，拥有其他族人所不具备的利用火的能力，并利用这一优势恐吓、暗示和引导其他族人按照他的意志行动，通过展示其神圣性，吓阻其他族人侵犯其权力和利益。族群指挥阶层中的巫师、祭帅等人利用其知识和经验构建了宗教，统治者将其本人和统治团队神圣化，即所谓的君权神授，利用宗教中冒犯神明就会遭受恐怖后果等恐吓的方法，阻止其他族人或竞争对手成为挑战者。

8.16　宗教、道德与神圣性

古代的人类族群统治者们，他们维护其地位的主要手段，第一是依靠法律系统的暴力，第二是依靠道德系统的神圣性。远古的族群统治者往往都是政教合一的，他们同时占据了法律系统和道德系统的最高点。法律系统是高耗能系统，完全依靠这个系统控制族群或国家，会消耗指挥阶层的很多资源。道德系统是低耗能系统，古代的指挥阶层往往更多的是依靠道德系统来控制社会，指挥阶层更多的是以“道德模范”的形象来引导行动阶层，指挥阶层需要承担率先垂范的职责，道德系统会损害指挥阶层的短期利益，“道德模范”的形象给予了指挥阶层很大的道德压力。因此，古代统治者们更多的是利用宗教来控制行动阶层，宗教是道德系统的一部分，统治者和指挥阶层利用宗教赋予他们的神圣性，来降低“道德模范”所带来的道德压力。统治者必须全力维护其神圣性，古代的帝王们大多是不允许族人质疑其神圣性的，他们为了掌控知识，甚至限制其族人学习知晓这些知识，中国古代就有“防民之口甚于防川”和“愚民政策”之类的观点。因为，神圣性是古代帝王维持其统治地位的第一道防线，一旦丧失了神圣性，就必须动用其统治团队的暴力来维持，一旦没有足够的资源输入其统治团队，整个社会组织就会土崩瓦解。因此，古代的几乎每一个统治者都存在神圣性焦虑。

法律和道德同样随着人类社会的进化而发展，法律由仅仅保护原始部落的酋长的权力，而后发展到保护指挥阶层的成员的多种权力。在现代社会，法律则要保护每一个人的合法权利。随着人们分工的多样化，人们的利益也在多样化，其权利也在发展变化，法律随之也发生变化，要用来保护每一个社会成员的不同类型、不同层次的权利。

道德也在发展变化中，在现代社会看来最不道德的行为，如杀死俘虏祭祀，在古代是可以维护这个国家或族群社会类人体的生存的行为，因此在当时就是符合道德的行为；现今某些看似道德的行为，如一夫一妻制，在当时会危及国家或族群社会类人体的生存，那么也就不是符合道德的行为。

第九章　社会制度与权力

一个族群或国家的指挥阶层制定的制度，必须是符合自然选择规律的，即优胜劣汰适者生存的法则。违背自然选择规律的制度，会造成族群或国家的成员之间出现逆淘汰，其族群或国家对资源的利用效率会大幅度降低，表现出来的就是社会发展缓慢，族群或国家力量衰弱，从而在族群或国家之间的竞争中失败。

一个有效的制度首要是保证处于行动阶层的普通国民中的优秀者能够顺利晋升到指挥阶层中，并掌控足够多的资源，还要将指挥阶层中的不适合者降低到行动阶层中，并剥夺他们原有的资源。

9.1　权力与权利

在人类社会，权力是人对资源（资源包括人或物体）的控制。权力最早来源于生存和繁衍的欲望，是暴力的产物。某些动物为了降低单独生存时的死亡风险，而演变成了社会化动物，以群体状态生存，由于其群体在整体上显示了类似生物体的性状，则群体中会出现一个拥有控制其他个体的统治性首领个体，这种控制或称之为权力来源于暴力。如果群体中的某个个体能够利用自身的体能夺取统治性地位，它就会获取控制自身的权力，以及控制群体中其他个体的权力。而群体中的其他个体为了保障自身和群体的生存，自身必须受到部分或大部分的控制。如狮群中的雌狮们必须作为一个整体接纳胜利者雄狮的控制，雄狮成为拥有控制权力的统治性首领个体，雌狮们不能再行驶自己的择偶权力单独选择雄狮，且必须让渡优先进食猎物的权力。

作为高度社会化的人类，在原始父系氏族的族群中，类似于狮群一样，族群的最高统治者同样是依靠暴力击败竞争者取得族群的控制权。远古人类族群的酋长，往往拥有绝对的权力，在理论上占据了族群所有的资源控制权，如进食和交配的权力，部落中的成年女性也都是部落酋长的配偶，最原始的状态应该类似于狮群等社会性动物的赢者通吃的状态，其他族群成员依靠与族长的血缘远近获得地位排序，其排序决定了谁先获取食物。当部落族群扩大后，单一的最高统治者就很难凭借一已之力占据统治地位，于是类似于狮群的双雄狮联盟占据狮王地位的方式也会出现在人类族群之中。统治者无法仅仅依靠自身的暴力控制已经扩大了的族群，于是，在夺取统治地位后，他必然会与其他男性建立统一联盟组织，虽然专制权力受限，与此同时会释放出部分权力给其盟友，如婚配权和进食顺序优先的权力，并与盟友分享权力作为一个统治团队来共同占据部落所有的资源控制权。

当部落族群更加扩大后，争夺最高统治权的竞争变得更加暴力、残酷，统治者的联盟组织需要的人数会更多，无论是统治地位的竞争者还是保卫者，他们需要建立自己的联盟组织，需要构建自己的团队，并选择团队成员、吸引优秀人员加入团队。无论是统治地位的竞争者还是保卫者，他们对于自己的这些联盟组织是不能依靠自身的暴力来控制的，而只能通过交换或让渡权力的形式，来控制这些联盟组织。统治者通过交换或让渡部分权力等行为，与其同盟者形成有限控制权。通过交换或让渡部分权力等行为获取的对资源（包括人和物）的控制叫作权利。权力是绝对的、暴力性的，而权利是相对的、可交换的。

一个人对于组织或其他人的控制，如果是通过权力的控制，那么我们认为是直接控制，如果是通过交换获得的权利，则是间接控制。虽然，统治者对于联盟组织的控制是通过交换取得的权利，是间接控制，但是，在古代社会，统治者的联盟组织或指挥阶层对于行动阶层仍然拥有权力，即直接控制。随着人类社会的发展，社会组织的分化演变，统治者的权力趋向于逐渐分散与弱化，而更多是通过交换获得权利，来达到对资源的相对控制。

9.2 权利的本质

在远古时期，规模较大的部落，必须依靠组织化的统治者联盟才能控制，统治者联盟内部往往依靠血缘的远近关系和暴力大小排序，这个排序代表着权力的大小，即生存和繁衍机会的大小，统治者联盟之外的下层族群成员，同样也需要排序，获取相应的生存和繁衍的机会。由于人数众多，他们生存和繁衍机会的排序无法依靠血缘关系来确定时，这些下层部落成员就会用暴力和交换来确定在族群中的排序问题。相互间的角力、争斗固然可以确定谁是强者，但是，并不利于族群的整体生存，于是在统治者联盟干预之下，下层部落成员通过交换物品和服务来竞争生存和繁衍机会的排序，交换物品和服务的竞争即市场竞争。

拥有权力则可以直接控制人，而权利属于间接控制人，交换物品和服务即通过交换获取权利，达到间接控制他人的目的。交换物品和服务的本质就是相互交换服务时间，举例说明，甲用自己10分钟劳作的产品或服务，交换乙30分钟劳作的产品或服务，由此，甲获得了控制乙30分钟的时间，乙获得了控制甲10分钟的时间。通过交换控制他人的时间越多，即代表权利越大，在族群中的排序越靠前，也越具有繁衍的基因优势。

9.3 自由与工具性进化

对于人类来说身体方面的进化是极为缓慢的，在千年这个时间跨度上几乎看不到明显变化。但工具的改良要远远快于肉体的DNA的突变改进。人类个体性进化主要体现在工具型进化方面，即人类对工具的革新和创造、由于工具在一定意义上就相当于持有人的身体的一部分，工具的使用在很大程度上弥补了人体肌肉力量的不足，可以大大提升人的能力，减轻人的体力付出；工具的使用可以降低生产产品和服务所耗费的时间，帮助工具持有人取得更多的权利，从而获得更多的资源。

在一个社会制度中，一个人付出了一定的资源，对工具进行了革新和创造，如果他可以相应获得更多的资源，就会促进他对工具的革新和创造；反之，如果他的创新不能获得更多的资源，则会导致他损失资源、在竞争中失败；如果他对工具的革新和创造被他人无偿剥夺，那么，他就没有动力去改进工具。我们知道工具的革新和创造是对人类身体的增强和延伸，剥夺一个人的工具可以被视为剥夺了他身体的一部分，因此，只有那些能够控制自己身体不被剥夺，拥有一定的人身权力，即拥有一定的自由的人，才会主动进行工具的革新和创造。所谓自由就是指人对自己身体的控制权力，一个人对其身体的控制权力越大，其自由程度就越大，绝对的自由，就意味着绝对的权力。古代帝王往往拥有接近于绝对的权力，因此也拥有接近于绝对的自由，而普通人的自由是相对的、有限的，受到各种各样的限制和制约。

最初的工具制作者，他们可以凭借工具获得更多的收获和节约更多的资源，在竞争中，他们就能猎获更多的食物，节约更多的资源，获得更多的生存机会和繁育后代的机会。因此，研发工具成为人类最初、最重要的技能。在最初的人类族群中，一般都是酋长或族群首领掌握最好的工具，或者说他们本身就是工具的制造者。

随着族群的扩大，工具的研制者往往不再是族群的首领，保持族群的工具型进化，成为保持族群自然竞争力的必要条件，因此，族群的中下层成员，即行动阶层成员，也获得了一定的人身权力，他们可以通过交换物品与服务，竞争获取更多的资源与繁衍后代的机会，并希冀在族群中的排序可以上升，所以，制作、研发工具成为他们获得竞争胜利的方法之一。行动阶层的人们拥有自由的程度与指挥阶层的控制程度是此消彼长的关系，一个国家或社会中，国民自由程度越高，其创造能力越强。反之，则创造能力越弱。人类个体进化的能力受到自由程度决定。

9.4　组织权力与个体权力

由最原始的组织——部落，进化为族群、国家；由最原始的经济组织——家庭，进化成家族、工坊、商铺，进而发展成为企业、公司、集团，等等，这些大到国家、集团公司，小到家庭、商铺等各个组织，都可以被看作是类生物体的存在。每一个下层社会组织都拥有一定的社会权力，同时又会受到上层组织的管辖和控制，最终所有的社会组织都会受到国家统治机构直接或间接的控制，由此又可以把整个国家看作是一个巨型的类生物体组织。国家组织中的每一个下层组织和个体都在扮演着类生物体的一部分器官或肢体的功能，例如，国家组织的指挥者——政府发挥着类似于生物体大脑的作用。国家组织中的行动者——企业、公司则发挥着类似生物体四肢和躯干的作用，由于每一个下层组织或个体在组织中的职能不同，则其权力都会或多或少地受到部分限制，每个下层组织或个人都必须让渡一些权力，接受国家组织权力的控制，只有这样，一个人群才能够构成一个类生物体。

组织的指挥者获得控制权，绝大多数组织都呈现出少数人使用专制权力管理、控制多数人的情况。古代人类社会中，由于大多数国家都是专制制度，因此，个体人的身体权力受限制的情况则更为普遍，指挥阶层的人身权力受到较少限制，行动阶层的人身权力受到较多限制，多为指挥阶层限制行动阶层的人身权力。指挥阶层并不能够无限制地剥夺行动阶层的人身权力，其原因有两个：第一是行动阶层没有更多利益时，就会逃离组织，甚至会破坏组织，这将使指挥阶层必须消耗更多的资源压制这些逃离者和破坏者；第二是行动阶层丧失工具进化的动力，会使得整个社会发展停滞不前，行动阶层就部分地限制了指挥阶层的人身权力。

9.5 人身权力与财产权力

社会中所有的权力，都发端于人身权力，我们在前面讲过一个观点：各种工具都是人类各种器官的延伸。再进一步讲，人类制作的各种功能的物品都可以看作是其身体的一部分的外延，进而由人身权延伸出来了财产权。财产权是人身权力的物化，对一个人财产权的剥夺，近似于对其人身权力的剥夺。因此，当某一社会中，如果财产权得不到充分保护，则必然无法保护个人的人身权力。社会中的人拥有何种程度的人身权，就意味着他也拥有相应程度的财产权；拥有较完备的人身权力，也就意味着他拥有较为完备的财产权。同样，当人们观察到一个社会中存在随意剥夺社会成员的财产情况存在时，那么，我们也可以判断出这个社会中的人也没有受保护的人身权力。

指挥阶层控制一个组织即控制组织成员的手段只有两种，第一是采用控制人身权力来控制行动阶层，第二种是通过采用控制财产权的办法对行动阶层进行间接指挥调动。指挥阶层以控制人身权力来控制行动阶层是高耗能的，但是，这种控制方式是快速高效的；用控制财产权的办法对行动阶层进行间接指挥调动是低耗能的，但是，这种控制方式是慢速低效率的。统治阶层通常组合运用两种控制手段控制社会。控制社会的标志就是建立统治阶层所需要的秩序。

从以上分析可以得知，当有人把财产绝对平均化时，就如同把每一个人均一化一样。把高个的人的腿锯短，把低矮的人拉长，把肥胖的人压扁，把瘦小的人变胖。由于组织中需要各种各样承担不同职能、不同分工的人，每个人的偏好特长都是不一样的，不同的人擅长使用不同的资源，财产均一化不但使人们不再能高效地利用资源，也使得指挥阶层丧失用控制财产权的办法对行动阶层进行间接指挥调动的手段。指挥阶层只能采用高耗能的控制人身权力的方式来控制行动阶层，整个组织就会出现高耗能状态，组织必须要找到足够的资源以维持这个状态，这类组织获取资源的方式无外乎外部援助、对外抢掠和对内剥夺，如果不能够获得足够的外部资源，组织就会在一定的时间内崩溃。

财产平均化破坏了女性择偶的权力，也破坏了指挥阶层的优越感，女性不得不通过非财产因素（如权力因素）择偶，而指挥阶层也不得不用特权的方式彰显自己的优秀，当行动阶层的男性无法用财产求得女性青睐时，他们就不再会努力获取财产，也不会努力改进工具，整个社会呈现物质生产极度贫困的状况。

9.6　民主形式的出现

民主是人类社会高度发展后所特有的权力使用形式。民主的出现，是基于社会组织化的进一步发展：当社会或国家出现了统治者及其团队无法完全控制的二级组织时，民主就会出现。例如，英国的贵族们发动光荣革命，英国的国王已经无法按照自己的意志控制贵族们，贵族们组成了议会反过来制约国王的权力，这时候贵族和国王俨然分庭抗礼。从这个意义上讲，贵族们的权力已经并非来源于国王了，贵族们与国王共同分享权力，为了均衡各方的权力，保护各自的利益，他们以《大宪章》的形式形成权力合约，这就初步形成了具备完整形态的民主制度。随着权力的扩散，市民和商人拥有了构建和获得大型的市场组织的权力，拥有大型企业组织的商人和企业家也获得了相应的权力，组建了下议院，这是民主形式的扩展。现代社会的民主是将权力广泛扩散后的民主。

民主制度在英国的出现是一个偶然，同时也是一个必然。民主是为了降低组织风险而形成的分散权力的形式。随着人类社会的发展，人口大幅度增加，社会分工日益精细化、复杂化，与之对应的资源性物质种类也越来越繁多。例如，人类最早的资源就是猎物和可食性植物，随着火的使用，木头、干草也成为资源；随着工具的发明，石头、兽骨、动物皮毛都成为资源；随着农牧业的发展，土地、草场、水源都成为资源；直至现今连同空间、时间、无线电频段、数字组合等都成为资源。可以被认为是资源的有形物质和无形的非物质多达千百万种。与此同时，整个社会作为一个类人生物体日益大型化、系统化、复杂化，面对如此纷乱庞杂的资源，把资源交给谁控制，组织如何搭建，才能最高效地利用资源，并降低组织面临的风险，成为人类社会的最首要问题。

一个大型的组织被一个或几个人完全控制时，他们根据自己的好恶、专长使用组织的资源，这个资源包括物质资源和人力资源，控制组织的少数人很难为多种多样的资源找到其最恰当的使用方式，资源必然会遭到浪费，组织的发展必然会受到限制，这对于组织来讲很显然存在着巨大的风险。相对于组织规模来讲，越大型的组织越不能承受少数人控制组织所带来的风险。

对于一个国家或社会来讲，同样如此。将国家或社会的资源赋予他们心目中的资源控制人，随着资源的愈加多样化，控制国家或社会的少数人很难为多种多样的资源分别找到最佳控制人，一旦选出的这些人不是组织中理想的资源控制人，这会使得资源有可能被滥用或损失，延缓社会发展的速度。当重要资源被滥用或损失时，社会就存在崩溃的巨大风险。在国家与国家的竞争中，能够高效利用其拥有资源的国家就会获得胜利，不能高效利用其拥有资源的国家就会失败。为了降低少数人专制带来的高风险，一些国家实行民主的机制，将社会控制权力分散化、多元化，以求高效利用其拥有的资源。正如同高等级动物一定会拥有比较大型、复杂和区域控制中心式的大脑一样，大型化、系统化、复杂化的人类社会被认为是类人体，少数人专制的情况，恰恰如同简单的大脑控制一个庞大的身躯，这使得整个社会具有极大的风险性。民主机制则类似将其指挥阶层即社会的大脑扩大化、多元化、多中心化，在不同的社会领域会存在不同的控制形式。现代社会的市场经济就是一种民主的机制，市场经济将各种资源放到一个自由竞争的平台上去，通过保障每一个人的竞争权力，达到选择出资源的最佳控制人的目的。

9.7　专制权力的变化机制

从人类社会整体发展情况看，随着原始部落的发展，家庭、私有财产和市场的出现，使得专制难以控制社会整体，统治者不得不扩大统治团队，并释放出部分专制权力，统治者的专制权力不得不向统治团队扩散。更多的人拥有了有限的原始民主权力，尽管这时的原始民主权力根本无法与专制权力相对抗。社会的进一步发展，使得统治团队的专制难以控制社会整体时，又会迫使统治团队放弃部分权力，并将其权力进一步扩散给社会中更多的人。由此可知，统治者控制的专制权力随着社会的发展，不断地被分散到每个社会成员的手中，即权力不断从酋长和统治阶层手中向核心同盟成员扩散，乃至向普通成员扩散。这个权力扩散的过程是由于人类社会发展造成的，同时，也由于国家类人体受到优胜劣汰的自然法则决定。

专制者依靠其个人能力做出的决策，往往难以指挥协调复杂的社会组织，面对结构复杂的社会，少数人的控制使得社会整体崩溃风险大大提高。统治者为了降低自己的统治风险，在外部环境压力低的情况下，往往采取措施将社会结构简单化和单一化，以便保持自身的统治。因此，我们可以看到专制国家往往没有多元化组织，没有复杂的社会结构。这是社会组织进化的逆发展。

人类社会随着人口增加和生产能力的提高，而不断发生组织化、系统化等社会结构复杂化、多元化的过程。日益复杂的社会，使得指挥阶层也不得不向组织化、系统化、多元化等方向逐渐演化，面对日益复杂、多元的社会结构和指挥阶层结构，民主是必然的发展之路。

9.8 民主与专制的特性

随着原始人对火和工具的掌握，猛兽对远古人类逐渐不再构成威胁，而部落间的冲突与战斗成为决定部落生存还是灭亡的关键。刀矛等战斗武器的出现，使得远古人类的战斗日益复杂化、大型化，部落战争前不得不进行准备会议进行针对性部署。在准备会议中，酋长和他的盟友们协商战术安排，参加会议的人都可以发言表达自己观点，参加会议的人们对各种观点进行评议并表达支持或反对，虽然最高统治者具有最后决定权，但他必须审慎考虑各种意见，并对获得最多支持的意见做出回应，因为战争决策的正确与否关系到族群部落的生死存亡。这个作战决策制定的过程，可以看作是民主的最初起源。

从民主的起源看，民主并不是一个寻求每个人利益最大化的方法，民主是一种分散决策、分散风险的做法，是寻求风险最小化的方法，在面对战争这种包含巨大风险的事物时，为了避免作为统治者的个体在思维与习惯的盲点而导致战争失败、族群灭亡所采取的一种预防性措施。

专制是一种高效率、高风险的决策方法，决策速度很快，但是其决策风险也会很大，当决策人不具备相应的能力时，将会给部落族群带来灾难。民主是一种低效率、低风险的决策方法，决策速度比较慢，但是由于这种方法征求了多方面的意见，其决策风险相应降低了很多。所以，比较合适的做法是，人们面临高风险的事务时，采取低风险的民主方法进行决策，在面临低风险的事务时，采取高效率的专制方法进行决策。

面对同样一个事件时，这个事件所带来的风险，对于每一个人来讲是不一样的。感觉到这个事件会给自己带来很大损失的人，会积极去行使民主权力，来阻止事件的发生。感觉到这个事件会给自己带来很大收益的人，也会积极去行使民主权力，来促进事件的发生。感觉到这个事件既不会给自己带来收益，也不会给自己带来损失的人，则以消极的态度对待民主权力。这就是为什么一些人会积极地去投票选举，而另一些人则比较消极地对待投票选举。

当参与民主决策的人数增加时，由于感受到风险程度的不同，就会导致民主决策的效率急剧下降，这时不决策或拖延决策也是一种意义上的决策，这样由民主决策带来的低风险也会消失不见，这就是民主的缺陷所在。在一定范围内的民主可以降低决策风险，民主的范围过大时，反而大大提升了决策风险。应对战争的民主为了兼顾效率，其参与人员的范围是比较小的，大多限定在将领或贵族范围内。战争是民主的摇篮，中古世纪的欧洲城邦小国林立，战争频繁，国王不得不对贵族有很大依靠，使得贵族拥有更多的发言权。因此，民主的传统十分悠久，英法的百年战争更是直接促进了现代民主在英国的诞生。

泛民主化会导致决策的效率急剧下降，这是由于过度民主使得组织的指挥阶层丧失控制组织的权力，或让渡指挥的权力，允许太多的个体参与决策。而参与民主决策的个体，其利益诉求是不一样的，对情况的了解程度也不同，如果组织中每一个个体都参与决策，就会导致对决策的过度争议。泛民主化破坏了组织内部的指挥阶层和行动阶层的分工，使得决策和指挥机制失败，这给组织带来失败的风险远大于专制决策机制造成的风险，这个组织要么会趋于崩溃，要么会重新生成指挥阶层，而新生成的指挥阶层必然选择专制决策机制。

9.9　具体社会制度的形成

人类的族群或国家或社会是由一个个人组成的，如何将这些个体的人连接起来组成一个组织，进而成为一个有机的整体，则需要规范这个组织中每个个体成员的行为方式，即在组织中相互竞争获得权力和利益的模式，以及组织对外竞争的运行模式。这两种模式的建立，就构成了一整套社会制度。

从宏观上看族群国家或社会都是一个类生物体，无时无刻不在与其他族群、国家或社会进行着资源竞争和生存竞争，类生物体的竞争同样要遵守生物竞争法则，即在保有并减小自身资源消耗的前提下，更多地获取新的能源。

社会制度就是人类族群或社会中的个体的人和组织对资源或者资源控制权力的取得、使用与失去的运行法则。当类生物体的制度有利于它更高效利用资源、并更多地获取新的资源时，族群或国家就会在竞争中取得胜利，这个国家和族群就能生存下来，当它的制度不利于它减少自身资源消耗，也不利于它更多地获取新的资源时，它就会在竞争中失败，这个国家或族群就会灭亡。

如何更高效利用资源，并更多地获取新的资源呢？第一是提高社会整体的劳动效率，以求更加高效利用资源；第二是激励人们更多地获取新的资源。一般来讲，社会中更加智慧、技术更加娴熟、更加勤奋的人往往能够更高效地利用资源，让他们获得或控制更多的资源，就是提高社会整体的劳动效率的方法。那些优秀的人控制更多的资源，这包括更多的空间、物质和交配权，随着人类族群的扩大，更加优秀的人还会通过建立组织的方式控制更多的资源，因此，原始人开始构建部落、城邦、国家，为了控制部落、城邦、国家，他们分层构建了控制团队。

如果社会制度可以让这些人成为社会的指挥阶层，掌控相应更多的资源，就会提高这个国家社会的整体的劳动效率，反之，如果社会制度使得社会中的一部分更加笨拙、更加懒惰、不具有思考能力的人处于指挥阶层，并掌控更多的资源，则这个社会就会丧失竞争力，而走向衰亡，甚至被他人所消灭。

无论是社会中的指挥阶层或行动阶层都在进行着资源抑或是资源控制权的竞争，指挥阶层中的统治者通过吸收行动阶层中的佼佼者，使其成为自己团队的一员，同时，排除指挥阶层中的能力不足的人，以此来保持自己团队的优势，避免被竞争对手的团队击败。指挥阶层通过构建政治制度进行竞争，行动阶层的人们在相互的交换过程中进行竞争，优胜者获得更多的资源和繁育后代的机会，失败者获得较少的资源，甚至失去繁育后代的机会。行动阶层的人们在指挥阶层构建的经济制度中进行竞争，市场也是帮助统治者筛选人才的场所。

处于社会指挥阶层的个体获得较多的人身权和财产权，也就是资源控制权，处于社会行动阶层的个体只能获得较少的人身权和财产权。指挥阶层的人们与行动阶层的人们，以及他们同阶层相互之间，都无时无刻不在进行着竞争，竞争的失败者交出部分或全部资源控制权，竞争的胜利者就会获得这些资源控制权，这个竞争可能是暴力杀戮、抢夺，也可能是通过和平交换。当某个社会制度可以在低资源消耗的情况下，迫使处于社会指挥阶层的竞争失败的个体顺利交出他的资源控制权，这个制度就是成功的制度；如果资源控制权的转移是高消耗的，如战争，则会大大降低国家和社会的竞争实力。

个体人都依据制度，不同程度地取得、使用或失去人身权和财产权，每一个个体都希望获得更多的人身权和财产权。获得更多的人身权和财产权只有两个途径：第一是暴力，第二是交换。如果人们采用暴力对于整个族群国家或社会来讲是成本较低的手段，那么人们就会倾向于采用暴力抢夺，如果交换是成本较低的手段，那么人们就会倾向于采用交换。例如，成吉思汗的帝国和普鲁士的军国主义都是采用暴力手段，这在当时状态下是成本较低的手段。

由于人类的个体需要一个漫长的生长期才能成年，暴力冲突的所得一旦低于暴力冲突中牺牲个体的成长付出，那么，人们就会倾向于采用交换的手段。所以，在人类族群国家内部多使用交换的手段。

9.10　制度基本运行规律

一个制度能否取得竞争胜利，只取决于它是否能够把族群和国家的最大资源交给最恰当的那个人或那一群人。例如，狮群的制度是胜者为王，新狮王打败了老狮王，就会占有整个雌狮群，占有交配权即繁殖资源，并杀死老狮王的孩子。这是个残酷的现实，可是对于整个狮子的种族，却是一个有效的机制，新狮王强壮的基因，会使整个狮群后代在更加残酷的物种竞争中生存下来。

人类的部落中，同样演绎着类似的故事。当食物充足时，每个原始人都可以吃饱肚子；当食物短缺时，只有出去打猎的猎手，才能得到足够的食物，当饥荒来临时，弱小的同类甚至会被当作食物。当人类的生产能力大大提高、社会化日益复杂以后，族群内部人与人的竞争如果采用相互暴力屠杀的方式，会导致整个族群的力量衰弱，从而危及整个族群的生存。所以，人类族群内部必须形成一整套竞争制度，既能达到择优汰劣，又避免消耗太多力量。这种制度要使得人类族群内的竞争不再那么血腥和直接，而是以婚姻竞争和权力竞争的方式呈现，婚姻竞争和权力竞争会使成功的人养育更多的后代，而失败者的后代则呈现相对减少的状况。

在各层级组织的内部，每个人也都面临着组织内其他人的竞争，每个人都力求在组织内部获取更多资源。组织确定的资源竞争规则，决定了什么类型的人可以在组织内获得资源，每个个体的竞争不但要符合自然界的适者生存的大法则，还要遵守组织内部的竞争规则。组织内部的竞争规则与自然界适者生存的大法则不一致时，这个组织就会被淘汰。

个体人遵守自然法则主要体现在市场交换环节，个体人遵守组织内部的竞争规则，体现在组织获取资源后进行再分配环节。我们说过自然界的法则促使个体努力以研制新工具及高效率工具的方式实现进化。掌握新工具、高效率工具的人，如果组织的规则使他从市场中或组织内获取资源的代价降低，则可以促进新工具、高效率工具的推广使用，这就使得组织内的更多成员得以使用新工具、高效率工具，即组织内更多的成员获得进化，那么可以使得这个组织会以更高的效率获得更多的资源，获得更好的发展。反之，如果组织的规则提高了工具发明人从市场中或组织内获取资源的代价，则会阻碍新工具、高效率工具的推广使用，这使得组织内的更多成员难以尽快使用上新工具、高效率工具，即组织内成员获得进化的可能性降低，造成这个组织不能以更高的效率获得更多的资源，发展速度就会降低，这个组织就会在竞争中失败，甚至被其他组织消灭。

组织间的竞争促使组织不断地进化，即不断调整组织内部的竞争规则，力求使得有能力发挥资源效用的人以较低的资源消耗来掌控与之能力相适应的资源。组织的指挥者是掌控组织资源的最主要人员，如何以较低的代价让更有能力的新指挥者替代老的指挥者，其遴选方式是组织保证生存的最关键因素。其次，当组织规模不断扩大后，组织的指挥者就会由单一个体演变成为多个个体组成的指挥团体，这个指挥团体也是一级组织，也会存在组织内部的竞争规则，由此构成金字塔式的人类社会构型。

9.11　制度是由生产模式决定的

制度的形成是由族群和社会的生产模式决定的，制度是族群和社会这样的类生物体为了应对生存竞争而产生的，制度的演变基本符合达尔文的进化论。

一个制度的形成，是由社会现有的生产模式决定的，社会的指挥阶层可以依照自己的意愿对其进行调整，但是，是否符合生产模式，则由残酷的生存竞争来决定。不符合生产模式的制度，会以亡国灭族的方式，被无情地淘汰，留存下来的都是符合其生产模式的制度。当进入到族群对族群、国家对国家等类生物体竞争时，这种竞争往往是以战争和杀戮的形式出现，战争的胜利族群或国家也可能会奴役屠杀失败的族群和国家的人民，夺取他们的生存所必需的资源。这促使族群和国家必然形成一个制度，确保选拔出一个人或一些人能够占有足够多的资源，并高效地利用资源，生产出足够的物品，以在族群和国家危难的时候，保护族群和国家的安全。

第四篇 古代的社会制度

所谓社会制度就是统治者为了管理、控制国家和族群，而构建的一种管理体系，古代大大小小的国家、族群，都有或简单、或复杂的社会制度，统治者通常根据其所处的社会环境和生产发展情况制定一套管理体系，有时常常加入自己的好恶和理念，有时也会或局部或大范围地进行调整。人类有史以来，建立过多种多样的社会制度，执行这些社会制度的国家族群每时每刻都处在与其他国家族群的竞争中，构建制度的统治者也面临着内部成员的竞争。一些制度随着国王或国家族群的消亡而消失了，一些制度在竞争中展现了极强的生命力并得到了发展。社会制度的建立往往是主观的，但经过长期的竞争，只有那些符合一定客观规律的制度才能保留下来，因此，又具备了客观性。

不同地域的古代国家，有着不同的社会制度，当抛开制度的细节，寻求其制度最本质的特征，我们可以发现大致可以分为三类制度，即基于农牧业的他保型制度，基于工商业的自保型制度，以及混合型制度，这三种制度所对应的社会各有各的运行规律，但在社会主导业态发生改变后，其制度会发生相应改变。

第十章　古代社会的形态

10.1　古代社会的分类

自从人类从原始部落进入到国家体制后，古代社会大略可以分为三种类型，一种是以农业和畜牧业为主的他保型社会，一种是以手工业和商业为主的自保型社会，还有一种是混合型社会，即农业畜牧业与手工业商业份额占比相当，其社会类型在自保与他保社会之间摇摆不定。

10.2　他保型社会的形成

以农业和畜牧业为主的社会，其主要财富来源是依靠种植和放牧牲畜，种植和养殖需要较长的时间或较大的地块才能够获得足够养育家人的收获，其背后的风险很大，必须依靠强权势的人或组织，才能够免于被抢夺，这种类型的社会称之为他保型社会。

古代典型的他保型社会都是以农牧业为主的国家，其特点与农牧业的要求相适应，一是幅员面积较大，二是帝王专制统治，如古代中国、古代法国和沙皇俄国等。因为农牧业产出相对较低，需要较大土地面积，而且农牧业具有很高的风险性，作物和牲畜需要经过漫长的生长期，但是收获期却很短，很容易在收获期和存储期间被他人劫掠。仅仅依靠农夫、牧民自己是难以保证收获的，而一旦失去收获物，农夫牧民及其家庭将面临灭顶之灾，因此，客观要求必须存在一个强有力的组织提供保护。农夫、牧民在获得保护的同时，作为交换要让渡部分权力，如财产权（即缴纳赋税）和人身权的一部分（为帝王服徭役），在有些时候农夫、牧民甚至要让渡大部分财产权和人身权。帝王国家都是专制型国家，国家在理论上是属于皇帝一个人的，即所谓的“普天之下莫非王土，率土之滨莫非王臣”，帝王国家的人们让渡财产权，向国王皇帝缴税，以求得国王皇帝的保护，这些税收更像是保护费。

10.3　自保型社会的形成

自保型社会是极少数处于特殊地理位置的、以贸易和手工业立国的国家或社会。他们自身不产粮食，或只能少量生产粮食，但是可以通过贸易获得粮食，所以形成了以手工业和商业为主的社会，其主要财富来源是依靠生产手工产品和商业交易，其收益的核心是手工业者的手艺或商人的眼光和判断，工商业者很多时候可以依靠自己的力量来保护自己的财富，抑或即便损失了部分财产，对其本人和家庭往往不是毁灭性的，只要有手艺、有经商的头脑，还能再次获得财富。这种社会需要的是自由的贸易，被严格遵守的契约，以及买卖双方的平等权力，因此，称之为自保型社会。

古代典型的自保型国家都是以手工业、商业为主的城邦型公民国家，其特点与手工业商业的要求相适应：一是面积较小，国民较少；二是处于交通和商贸的中心环节；三是公民共治。如古希腊的雅典、文艺复兴时期的佛罗伦萨等。这些国家都处于交通的中心环节，可以方便地得到粮食，便于出售自己的手工业产品。但是这类国家不能够独立生存，一旦失去粮食来源，失去交易中心的位置，就会走向衰亡。例如古希腊就处于中东、古埃及和古罗马的贸易运输的交汇地点，而其本身由于处于喀斯特地质地区，农业生产极为困难，多种原因使得他们的手工业和商业极为繁荣。

手工业和商业并不像农业那样，需要一个漫长的等待期，才能得到收获，它们的特点是快速频繁获利，但单次获利小，对于外力劫掠的抗击能力也较大，即便是被劫掠了产品、原材料和工具，其损失也很有限，并不构成灾难性后果。手工业和商业的核心是无形于心的技能和理念，即使遭遇打击，也往往在很短的时间内就能够恢复生活。因此，手工业和商业的从业者，往往不需要一个强权性的保护者，他们会自发地组成公民国家。作为公民国家的国民，他们同样会让渡部分权力，如部分财产权和人身权，向国家缴税、服兵役，共同出钱出力保护自己的家庭与财产，这些税收更接近现代意义的税收。

当农业和手工业商业所占比重相近时，就是混合型国家，如英国、荷兰等。其制度具有相当大的弹性：当农业比重较大时，则表现得像是一个专制的帝王国家；当手工业和商业所占比重较大时，则演变成为公民型国家。

第十一章　他保型制度的运行模式

11.1　他保型制度的权力分配特点

很显然，他保型制度中处于行动阶层的普通国民是依附于指挥阶层的，他们只拥有部分人身权和财产权，而指挥阶层则拥有大部分的权力。指挥阶层获取权力，最初大都是通过暴力取得，他们为了保障自己和子女永续占据指挥阶层的地位，往往通过制度设计和文化灌输，使人们相信其正统性。由于古代的农业社会科技不发达，想要顺利收获粮食只能依靠上天的风调雨顺，这时人们自然而然地会对上天或神明产生信仰或崇拜。在这种情况下，指挥阶层通过各种方式表达自己离上天更近，最接近神明上天的人是帝王，是上天的儿子，也就是所谓的君权神授，以显示自己对权力掌控的正当性，整个社会呈现金字塔型。

11.2　他保型制度的生产模式与财富思维

农牧社会其生产模式的特点决定了其财富的形成，农牧业生产的特点是：第一，生产风险大；第二，农牧业技术门槛低、普及快；第三，产品品质大体相同；第四，财富数量受土地数量限制。由于农牧业技术门槛低、普及快，个体农牧民之间的耕作或放牧技术差距就会较小；而囿于粮食和牲畜单产的限制，即便是农牧民愿意付出更多的劳作，也并不能在少量耕地或牧场上获得更高的收益。因此，农牧社会的财富数量往往取决于个人拥有的耕地或牧场数量。

这些特点使得农牧社会的人们认为土地是所有财富的根源，缺少土地的农牧民就会认为自己的贫穷是由占有土地多的富人造成的，如果农牧民不得不租用地主的土地，则被剥夺、被剥削的感受就更加强烈。农牧社会的农牧民们有着天然的仇视富人的财富思维，即强烈的耕者（牧者）有其田、均田地、均贫富的思想要求。

11.3 他保型制度社会中的矛盾

他保型制度中由于世袭制的存在，使得指挥阶层中的一些人虽然占有足够多的资源，但是并不一定能高效地利用资源，生产出足够多的物品，也不一定能在族群和国家危难的时候，保护族群和国家的安全。行动阶层中的优秀人员则渴望得到这些资源，并进入到指挥阶层。而要夺取原先这些人占有的资源，如果不能使用交换的方法，就会以暴力和战争的方式，当使用暴力和战争的方式实现资源的转移时，就会破坏原有的社会组织体系。当这一变化十分剧烈时，组织体系中包括的指挥阶层的社会控制组织和行动阶层的经济组织，都会不可避免地遭到一定程度的破坏，以及社会成员的大量死伤，这会导致社会生产力的大幅度降低，从而对国家和社会造成巨大的伤害。

中国古代经历了漫长的农牧时期，为了修正他保型制度中由于世袭制带来的巨大社会矛盾，古代中国人先后制定了军功爵位（商鞅变法）、举荐孝廉（汉朝）、科举制（隋唐）等晋阶制度，使得行动阶层的优秀人员能够有机会晋升到指挥阶层，但是，这些人员的流动并不能达到最顶层。顶级的指挥者——帝王的选择，很多时候依然要靠暴力和战争来确定。

他保型社会一般对商人都有着排斥思想，这是由于商人具有流动性并要求一定的自由权利，帝王及其控制系统并不喜欢这种具有原始自由观念的人群。商人们的交换行为，固然使他们拥有了更多的金钱，但这在某种程度上破坏了帝王及其控制系统营造的族群排序。中国古代帝王将民众分为“四民”，即“士农工商”，商人被定为最低等级，也往往被认为是偷奸耍滑、欺骗、欺诈的人。商人们获取的财富，使其在经济领域的社会地位仅次于士族，而在政治领域的社会地位则很低下，商人们不得不依附于士族，以自己的财富和金钱获取士族的保护，这就是中国古代难以解决腐败问题的根源。

11.4　他保型制度中的文化与宗教

农牧社会中的文化，是一种强调稳定秩序的文化，如中国古代占正统地位的儒家思想，要讲求长幼尊卑、天地君亲师、一日为师终身为父等礼教观念。他们认为决定整个世界的、最正确的是上天，在人间，最聪明睿智的是帝王，即所谓君为臣师，帝王具有引导、教诲官员的职责，帝王进行科举考试时，那些被帝王当面出题考试的人员，则被称为天子门生。而官员则负有教化地方百姓的责任，地方官员被称为父母官，意即要像父母一样教化地方的百姓，而地方百姓则被认为是一些愚氓无知、需要教育改造和拯救的草民。这是一种金字塔型的文化体系，最顶层的人是最接近上天的人，他们是最正确、最睿智的，近乎“完人”，而最底层的人则是最无知卑贱的小人和奴隶，每一层的人都是上一层人的学生和仆从，却是下一层人的老师和长官。最高统治者往往利用某种神迹来彰显自己的与众不同，来证明自己与神明是合二为一的，或者是神的人间使者，拥有不可置疑的神圣性。最高统治者在民众心目中的神圣性，往往决定了其执政的稳定性，丧失了其神圣性，就丧失了执政基础。神圣的唯一性即是其专制独裁的文化基础。

农牧社会中十分典型的宗教是佛教，佛教的核心思想是因果报应和转世轮回，这种思维恰恰符合农牧社会中的生产实践，例如，你种下什么种子，就会得到相应的果实，你在社会中行善，就是种下善因，以后会得到善果。而转世轮回也同样来源于农牧生产活动，例如，种子—作物—种子，这就构成了一个轮回，人也不断地在世间轮回，你在世间受苦，是因为你曾经作恶，你在世间享受，是因为你曾经行善。

11.5　他保型制度中的腐败

我们知道他保型制度中，帝王是最高统治者，神圣性是古代帝王维持其统治地位的第一道防线。古代帝王面对如内政、外交和战争等社会事务时，必须用准确的预判和合理的应对措施，来证明其神圣性，一旦出现预判错误应对失措，就会在统治组织中丧失其神圣性。帝王的神圣性的丧失，最初是在他的近臣中，随着他出现预判错误应对失措次数的增多，其神圣性就会在更多的人心中失去，帝王就不得不利用资源利诱和暴力恐吓来维持其统治组织的运转。而当他没有足够的资源输入其统治团队时，帝王就会默许其统治团队去掠夺社会中更加弱小的人或基层组织的利益，即贪污腐败。因此，我们可以看到中国古代开创新朝代的帝王，其当朝的腐败情况一般并不严重，而随着帝位递传给其子孙之后，这些后代帝王的神圣性降低，社会腐败现象就会愈演愈烈。而当贪污腐败的行为破坏了基层的组织体系，使社会发生逆组织化时，整个社会组织就会土崩瓦解。

第十二章　自保型社会的运行模式

12.1　自保型制度的权力分配特点

自保型社会同样分为指挥阶层和行动阶层，与他保型社会的指挥阶层所不同的是，自保型社会并不存在一个高高在上的绝对统治者，而是自然形成一个相对平等的指挥群体。自保型制度中的每一个自由人都拥有相对稳定的人身权和财产权，处于行动阶层的普通国民并不是依附于指挥阶层的，他们通过共同的利益结合到一起，这些自由人中的经营成功者，自然而然地成为指挥阶层。指挥阶层的人们共同推举出最高指挥者，当最高指挥者的能力和成绩不足以胜任他的位置时，则会通过选举的方式推选出新的最高指挥者，因此，指挥阶层拥有受到限制的部分权力。自保型社会呈现出扁平型社会结构，这种制度中的人们具有天然的众生平等的理念。

12.2　自保型制度的生产模式特点

自保型制度的生产模式是以工商业为主，这种生产模式的特点决定了其财富的形成。工商业生产的特点是：第一，生产对劳动者的技术要求高；第二，市场自由交换与交通的便利是这种生产模式的决定性因素；第三，产品品质与售价直接相关；第四，财富规模不受生产材料数量限制。由于手工业和商业技术门槛比较高，每个个体之间的劳作技术差距很大，即便是同一种类的手工品，也会由于工艺精度、美观程度、材质和对消费者心理预期的满足程度等因素，售价差距巨大，相应地带给制作者的收益也可能是天差地别的。对于工商业者来说，自由的市场是最关键的，在市场中商品出售者和购买者的自由选择权对于自保型社会也是最为关键的。

在工商业社会中，工具和原材料的取得比较容易，而利用这些工具和原材料制作出精美的、让人喜爱的物品所需要的技艺，却是难以达到的，这些特点使得工商业社会的人们认为财富是无限的，一个人的富裕或贫穷是其技艺技能或知识水平决定的，而不取决于他所拥有的物质。而即便是拥有资本也并不能绝对带来收益，对市场信息和自己拥有的资源的合理运用，才是获得收益的决定性因素。工商业社会的人们有着天然朴素的自由平等的思维。

12.3 自保型制度的改良

自保型制度由于是多数人决定制，经常会出现多数人暴政的现象，这体现在对少数人进行的利益剥夺上。但技术突破往往是这些少数人做出来的，他们能高效地利用资源，生产出更多更好的物品，在某种程度上，其才能和所取得的收益是被多数人所忌恨的。非常遗憾的是，自保型制度往往出现对自己国家中的优秀人员的戕害，给国家和社会造成了巨大的损失。

自保型制度的改良最主要的是对私有财产的保护，如“农夫的破草房风能进雨能进，国王不能进”，“私有财产神圣不可侵犯”，等等，以避免多数人对少数人的直接财产剥夺。为了平衡、制约多数人对少数人的暴力，自保型制度发展出具有中立性的第三方，也就是司法系统。

在古代欧洲的社会系统内，存在三种势力：第一是宗教组织，第二是王权，第三是贵族阶层。最初是王权和贵族联合起来，共同削弱中世纪强大的宗教权，而后是王权和贵族之间的权力争夺。这时期由于宗教势力倡导上帝面前人人平等，并延伸演化为法律面前人人平等，这就占据了道德的制高点，成为公平正义的化身。因此，宗教势力演化为司法系统，有限政府和总统制是王权的演变，政府拥有治理国家的职责和权力，参议院是贵族权力的演变产物，而众议院是民众权力的化身。

12.4　自保型制度中的文化与宗教

工商业社会中的文化，是一种强调契约精神的文化。在工商业社会的宗教系统中，占据核心的是基督教，而基督教的核心思想是上帝面前人人平等和契约必须被遵守，这种思维恰恰符合工商业社会中的生产实践。我们知道宗教是古代人类的知识体系，由于基督教并没有成为王权的附庸，因此，教会保留解释自然和宇宙的权力，这使得教会获得了神圣性。为了争夺解释自然和宇宙的权力，王室与教会纷纷建立研究机构，一些贵族和富商也纷纷资助科学研究，这造就了追根究底、崇尚真知的研究精神。

第五篇　社会制度的演变

在第三篇我们讲到人类的三种进化方式，其中的一种就是组织型进化，即人类的社会组织乃至各级组织都可以看作是一种类人体或类生物体。人类社会的组织化就是将每一个成员，都以某种形式组合到社会结构中去，组织化的人其产出能力一般来讲都远大于处于散粒状的人。各个国家依靠各自的制度，将国民有效组织化，以提高资源利用效率和产出效率。为了提高国家的生存能力，在竞争中获胜，管理国家的组织就不断地从简单向复杂演变，对应的社会制度也是由简单向复杂演变。驱动其演变的原动力则在于人类的工具型进化，人类对不同能源物质的应用决定了其所处的社会阶段，使用何种工具，木石器、青铜器，还是铁器，这些不同材质工具决定了制度形式，如：新石器和木制工具的使用大大提高古代人类的个体生产能力，这使得家庭这个组织大量出现，人类由原始氏族社会进入到原始私有制社会，青铜器的大量使用，促成了古代国家的诞生；而人类由部落族群社会进入到封建社会，铁器的广泛使用是其基础，并由此而诞生了一些大型封建帝国。

第十三章　制度与能源的关系

13.1　能源决定制度形式

族群、国家或社会都是一个类生物体，根据自然法则，生物竞争与进化受到两种因素影响：其一，获得能量，其二，节约能量。这两种因素决定了生物竞争的胜败，以及进化的总方向。人类与动物最本质的分界点是人类对火的使用，这使得即便是最原始的人类，其单位体重耗能已经是动物的100倍以上了。我们观察一个组织、团体、族群乃至国家等类生物体，会发现，无论是何种类生物体，为了求得生存和发展，在社会运行过程中，都必须节约使用能源，并努力发现新能源。

从宏观上看，族群、国家或社会这些类生物体其内在的制度，首先要提高整个社会的能源利用效率，生产出更多的物品，其次，是激励人们发现和利用更多更富含能源的物质。从微观上看，制度要解决信息交流和物质交换的高能耗的问题，并提高人们的合理分工程度。人们的聚集程度越高，也就是城市化程度越高，信息交流和物质交换的成本越低耗能越少，可以支持的分工程度越高。社会的生产模式决定了其制度形式，而生产模式又受到能源模式的影响。

13.2　能源阶段的划分

人类漫长的能源利用时期，可以简单分为生物能源时期和化石能源时期，其中生物能源时期又可细分为草木能源阶段和木炭能源阶段，化石能源时期又可细分为煤炭焦炭能源阶段和石油电力能源阶段。化石能源时期的人均耗能是前一个阶段的100倍以上，这标志着人类社会一直在遵循着热力学第二定律的作用，并仍在不断地发展演进化，不断地向高耗能的方向发展。

草木能源阶段对应的人类社会是原始社会，那时段的代表物品是人们用草木燃料制造的青铜器和陶器，其制度是原始部落的基本制度。古埃及人、殷商时期的中国人、印第安人、玛雅人都处于这个时期。

接着人们发明了木炭，木炭可以使火焰的温度达到1000℃以上，人们可以使用木炭制作铁器制品，这时就进入到木炭能源阶段，所对应的人类社会进入到高速发展的时期，科技和制度水平都达到了一个新阶段。这时期的代表物品是人们用木炭燃料制造的铁器和瓷器，其制度是古代的他保制度和自保制度，典型的有古巴比伦、古希腊、古罗马和古代中国从商周到秦朝这一阶段。

随着科技水平的进步和人类探索认知世界水平的提高，化石能源——煤炭被发现，并进入了人类生活中。煤炭所蕴含的能量远高于生物燃料，人们进一步用煤炭制成热量更高的焦炭，并使用焦炭炼制了更具韧性和强度的钢材，人们用这种钢材制作了大量的钢材器物，以及钢材机械，这大大提高了社会生产力水平，人类社会发展进入了新阶段。煤炭焦炭能源阶段对应的是近代社会，这时段的代表物品是人们用煤炭焦炭能源制造的钢材和蒸汽机，其制度以英国的君主立宪制为代表。

更加新型的化石能源——石油被发现后，人们的出行方式和器物使用方式有了划时代的变革。石油电力能源阶段对应的是现代社会，代表物品是人们用石油电力能源制造的各种电动机械和内燃机械，其制度以西方各国的民主制度为代表。

能源阶段的划分并非是绝对的，很多国家尤其是大型国家，由于其地区间的发展不均衡，往往一部分国民处于生物能源阶段，而另一部分国民已经处于化石能源阶段。能源阶段对社会制度的影响同样也是持续渐进的，一个国家采取何种社会制度取决于其国民的大多数处于哪个能源阶段。这是由于能源结构决定了其国民的产出效能，当一个他保型制度国家的指挥阶层都在使用化石能源，而行动阶层却在使用生物能源的时候，其产出效能十分低下，因此其整个社会的制度必然处于低效率的他保型制度。

第十四章 社会和制度的进化

他保制度对应的生活生产状态是农牧业，由于农业产出的低下，以及交通运输的不便，当生产工具和交通运输工具都没有获得创新突破时，农牧业的社会是无法支持人口数量巨大的城市人口的，因此，农牧业时期人们处于小城镇状态和乡村化自给自足的生活状态。自保制度对应的生活生产状态是手工业和商业，为了便于分工与交换，手工业和商业的人们是聚集状态，因此商业发达的地方都会趋向于城市化。古代城市化的首要条件就是便利的交通运输，城市的人们出行、交换都需要便利快捷，以能够方便地得到粮食和生活必需品，并出售其手工业制品和其他商品，因此，这些古代的城市大多位于大型河流或海港的附近。评价古代这两种制度的优劣，无所谓哪一个更先进，只是看哪一种制度更适合当地的环境而已。

从人类社会整体发展情况来看，人类社会的发展是一个不断组织化的过程，组织化就是整个人类社会中每一个个体，都以某种方式被组合到社会的结构中去，成为社会有机体的一部分。从宏观上看人类社会更接近于一个有生命的生物体。人类社会存在着两种组织，一种是统治性（或控制性）组织，一种是经济性（或支撑性）组织，统治性组织包括由酋长族长演化出的政府系列组织和宗教系列组织，经济性组织包括由家庭演化出的作坊、商铺和企业、公司等经济类组织。

14.1 国家中的强制组织化

他保制度下的农牧民，多是以家庭为单位的劳动组织，自行完成各种农牧业操作，如自己饲养耕牛，自己养鸡养猪提供给家庭肉食，自己耕田种植乃至收获，而后通过售卖多余的农产品，购买其他生活物品，与社会中的其他人发生联系。国王通过向他们征缴税赋和劳役，并给予一定的人身保护和财产保护，将其纳入国家的组织系统内。在这个时期，社会组织分化并不发达，行动阶层构建的经济组织是散粒状的，每一个人、每一个组织都与其他人、其他组织联系并不紧密，因此，其社会组织从总体上看呈现出低级组织化状态。

在人类历史上，很多他保制度下的强权人物都趋向于更加严密、更有效率地控制自己的国人，并希望利用强制性手段控制每一个人、每一个组织，以求得国家的高度组织化，由此，他们可以在很短时间内建立起强大的帝国。例如，秦帝国、蒙元帝国、奥斯曼土耳其帝国等。高度组织化趋向于更严谨有序，热力学第二定律告诉我们维持一个有序的体系，或使一个体系更加有序，就必须付出更多的能量，对于人类的组织而言同样也遵从这一原理。高度组织化是一个高度有序的系统，必然要消耗更多的资源才能维持其系统的运行，如果其组织无法依靠提高组织内部的劳动生产率来满足其资源的需求，那么，这些高度组织化的帝国只有通过对外战争和掠夺才可能供给组织内人们的需求。如果对外战争和掠夺获得成功，这个组织就爆发更加强大的力量，但是，一旦超过了其获取资源的限度或能力，无法满足组织运行对资源的需求时，这个组织就会趋于崩溃，其组织成员会寻求退出组织，或寻求取代组织的领导人，这种情况导致组织被削弱或解体。组织的控制者避免组织崩溃的手段，与热力学原理中的办法是一样的，即形成孤立系统，尽可能地减少与外部其他人员和组织的沟通与交流的渠道，使组织更接近孤立系统，例如，隔绝组织中行动阶层成员与外界的信息、物质交流，提高组织成员的退出风险，并大力降低组织成员离开组织后获取资源满足需求的可能，甚至使用暴力迫使成员留在组织内。对于少数能够参与对外沟通信息与物质交流的指挥阶层人员，则以极高的代价满足其需求，使其脱离组织获得的收益低于在组织内。

由于自然界中并不存在绝对孤立的系统，外部信息仍然不断地进入组织中，这些孤立措施只能延缓组织的崩溃，却并不能完全阻止。那些得不到满足、却不能够退出组织的人会想尽一切方法破坏这个组织，如消极怠工、刻意损毁物品、加大内耗等，这些行为会加速组织的崩溃。参加组织的人所获得的收益小于非组织化的人时，这个组织的存在就违背了人类社会组织化进程的规律，此时，利用独裁手段建立的高度组织化国家并不能够长久存在，如果没有外部资源的有效输入，可能会在较短的时间内崩塌消亡。

14.2 经济性组织的发展

人类社会进化的趋势就是不断地组织化、系统化，不仅仅是指挥阶层在组织化、系统化，社会底层的行动层的人们也不断地在组织化、系统化，他们不能建立统治性组织，因为会受到指挥阶层的强力打压，他们只能组建经济性组织。当一个人发现组织一个团队，可以更好地获取经济性物资，可以帮助实现其求偶目标时，这个人会倾向于建立个体性组织，即结盟或雇佣其他个体的人以组合构建组织。那些参加组织的人能够获得高于他在组织外获得的收益，他才会心甘情愿地参加这个组织，否则，这个组织将会瓦解，例如，经常被人们诟病的使用童工的情况。这些过早工作的儿童，他们的父母根本就无力供养他们上学，他们即便是不在工厂里做工，也会被父母安排在家里从事劳动，而在工厂里做童工获得的收入会远高于在家劳动的收益。甚至有些孩子在工厂里吃到了人生的第一个冰激凌，天天有白米饭有肉吃，这时他们的满足感反而会大大超出繁重劳动给身体所带来的负重感。被经济性组织雇佣的人拥有较大的自由度，经济性组织的管理者对其雇员一般没有绝对人身控制权，只有通过交换得来的部分时间内的相对人身控制权。

这些经济性组织也可以被视为类人生物，也可以当作族群和国家的下一层组织。经济性组织也存在着进化的特性，同样也在不断地进行着组织化、系统化演化。部落内部出现家庭就是最原始的经济性组织，然后出现作坊、庄园、协会，近现代发展出工厂、企业、公司，乃至集团性公司、跨国公司等等。

古代国家和社会中的手工业者、商人或农村中的地主，大都处于以家庭为单位的作坊、小商铺、小农场的规模。随着社会的发展，市场竞争的加剧，逐渐诞生出有一定经营优势的手工业者、商人或农村中的地主，他们通常会雇佣一些人员，组成或大或小的工场、商铺和农场，有时甚至会组成行会、商会和宗族，这些或紧密或松散的组织或团体就是个体性组织。这并不是由古代社会的指挥阶层强令组织化的，而是自发形成的，这些组织的创建者并不能因此而进入指挥阶层，反而经常受到当时的指挥阶层的歧视和打击，所以他们拥有强烈的向上的动力。比如欧洲的商人甚至要通过联姻获得爵位以求进入指挥阶层，中国的商人依靠购买田地成为农民，获取科举资格。这些组织或团体具有自我维持的资源来源，只有在不受到限制的环境中，才会力图发展壮大，当他们受到外力竞争，无法获得足够的资源时，也会发生崩溃。

从人类历史上看，英国是第一个通过公司的方式将国民组织化的国家，圈地运动驱使农民离开农村进入城市，成为公司、工厂的雇员，他们在工厂中获得了远高于农耕的收入，大量人口的组织化使得这个国家的劳动生产率大大提高。

14.3 组织的进化与发展规律

在动物界存在着这样的规律：当食物充足时，雌性动物会选择体型更大的雄性作为配偶，也许是因为体型更大意味着它的力量和技巧更有优势，因此可以获取更多的食物，并进而在配偶争夺战中获胜。所以该种动物的体型在漫长的进化过程中就会逐渐变大，例如现代马的体型远远大于它的祖先始祖马，现在的狮虎也比它们的祖先体型大得多。而当环境恶劣、食物匮乏的时候，体型较大的雄性常常会因为找不到足够的食物而饿死，相对体型较小的雄性得到了生存和繁育后代的机会，该种动物的体型会逐渐变小，如非洲的沙漠象的体型就小于草原象。

作为类生物体的个体性组织或社团，同样存在这样的规律，当外部环境适宜，就会发展成为较大规模的组织，当外部环境不适宜时，则维持一个相对较小的规模。如市场容量很大且企业所有人的权力受到足够保护时，企业会趋向于发展壮大，甚至可能会发展成为巨型跨国企业；而在企业所有人权力随时有可能遭受侵害，或被剥夺对企业的控制权时，组织的控制者就会出现自我限制企业成长的现象。

巨型企业的存在首先要建立在高效率的基础上。巨型企业在市场中的竞争手段往往是利用其高生产效率和规模效应，构成对竞争对手的成本优势，并以低廉的价格形成价格壁垒，以阻止新的竞争对手的进入。如果巨型企业不具备高的生产效率，那么，它就会在市场竞争中失败，这时也许它会寻求非市场手段（如行业协会、市场准入等行政手段）来阻止竞争者的进入。以市场竞争的手段阻止新的竞争者进入市场的巨型企业类似于格列佛之于小人国，是温柔的巨人，并不能认为他们是垄断企业，只有那些以非市场手段阻止新的竞争者进入市场的巨型企业，才是垄断型企业。

即便巨型企业是类似格列佛这样的温柔巨人，也会使一些国家的指挥阶层感到恐惧，当巨型企业可能会因为危及指挥阶层对国家的控制时，所有的政府都会削弱甚至拆解这些巨型企业，如制定反垄断法、拆分巨型公司等等。

第十五章　制度的演进与城市化

15.1　城市的出现

人类是社会性动物，人们在原始状态时大多是以聚集状态的部落组织形式存在的，当家庭出现后，原始部落就以首领住所为中心，形成原始村落这些村落中的原始人与今天的普通村庄并没有太多不同，原始人白天外出觅食、狩猎、捡拾植物种子等，晚上回到村落中居住。随着原始人获取食物的能力越来越高、一个原始人养活的人口越来越多时，村落中不从事觅食活动的人口就会相应增加，这些人口在部落中的排序往往是比较高的，他们的家庭更靠近首领住所，呈现以首领住所为中心环状或夹层状排列，这也可算是城市的雏形。

一个社会或国家的城市化程度，代表着其组织化的程度，城市人口的占比，代表着其技术水平和生产能力的高低。很显然城市居民并不以务农为生，古代的城市居民大多是依靠手工业、商业和服务业为生，他们必须得到外部粮食的供给。城市人口的多寡同样反映了当时农牧业的发展水平，亦即一个农民能养活多少人——社会抚养比的问题，社会抚养比越大，不从事直接生产劳动的人口就会越多，城市人口就会越多。古代的农牧业技术十分落后，每个农夫可以养活的人数较低，他保型社会的农村基本上是以家庭为单位进行耕作劳动，组织化程度很低，整个社会的农村区域处于碎片化的状态。由于运输技术十分低下，因此，古代城市必须靠近产粮区。当城市中聚集的人口超过了本地产粮区的粮食供给量后，人们往往需要从其他产粮区运送粮食，古代的陆路运输都要依靠畜力车辆，道路条件也很差，牲畜运输粮食的同时，也消耗了大量粮食草料，远距离运输成本非常高。水路则是古代的高速路，水路运输速度比较快，运输量也比较大，只需要使用较少的人力畜力，成本远低于陆路运输。

因此，古代的大型城市多靠近河流或海边。不靠近河流或海边的城市，古代的人们会修建运河通航，来运送粮食和各种物品。而随着运输技术手段的提高，古代城市的规模也逐渐扩大。由此可见，落后的运输技术手段是很难支撑起人口众多的大型城市的存在的，城市人口数量受到限制。

城市人口所从事的职业异于农牧业，他们的思维更加倾向于自保型，如果可以获得足够的、稳定的饮食供给，那么，这座城市会获得快速发展。如果受到指挥阶层的限制，且市场规模不够大时，城市中多是规模比较小的手工作坊、商铺，也很难做到分工细化和规模化生产，因此，其城市的组织化程度也十分低下。

15.2 他保型制度的自循环性

他保型社会与自保型社会的制度都受到其自身的产业结构的制约，什么样的产业结构就决定了这个国家的制度。在古代，他保型社会是人类社会的主流形态，自保型社会凤毛麟角十分稀少，混合型社会也是极少数的。当他保型社会中的农牧业人口超过70%后，这个制度就具有自循环的特性，会抑制自己的社会制度向自保型社会制度转变。如果没有外力作用，这样的他保型社会是无法自发地转化为自保型社会制度的。

在他保型社会中，帝王和指挥阶层是最大的资源掌控者与交换者，他们控制行动阶层的方法就是控制资源与交换。当社会中的手工业者和商人实现的交换能量威胁到指挥阶层的控制力后，就会被制止，其资产被强制剥夺，如中国汉朝实行的盐铁专营。此时，手工业者和商人被迫处于较低层次，无法组成富有生命力的组织。他保型社会的指挥阶层对宗教和知识体系的控制，也使得社会上无法形成系统的、科学的知识体系，因此，在组织上和知识上都无法支撑工业化大生产，这导致他保型社会的农牧业生产进入到铁犁、耕牛时代后，就遇到了技术发展的瓶颈区，基本上就不存在自身技术进一步发展的空间了，如果没有外部势力的推动，他保型制度会一直自我循环下去。

在19世纪之前，大多数的国家都是农牧业国家，都是他保型社会制度，只有极少数的城邦国家因为处于贸易中心位置，自身地域狭小人口较少，且有着充足的外部粮食供给，而有可能成为自保型社会制度。如那些土地比较贫瘠粮食产量不高、又处于贸易航线位置的国家，以及粮食供给一部分依靠自己生产，一部分依靠贸易补充的一类国家，这时期的英国和荷兰就是典型例证。

15.3　他保型社会与自保型社会的相互转化

一个社会以农牧产业为主、农牧人口占据大多数时，就会发展成为他保型社会，当其发展成为以工商业为主、工商人口占据大多数时，就会成为自保型社会。而一个自保型社会，因为受到外界影响转为以农牧产业为主、农牧人口占据大多数时，它也会成为他保型社会。比如古希腊，在埃及王朝衰落后，它也失去了地中海贸易中心的位置，于是就由自保型社会演变成为他保型社会。当地中海贸易再次兴起时，位于交通枢纽的佛罗伦萨和威尼斯，成为商贸中心和文艺复兴的发源地，就由他保型社会成为自保型社会。

十七世纪以来，随着新大陆的发现和殖民主义的兴起，使得英国成为美洲与欧洲的大西洋航线的交通中转地，当粮食和其他商品源源不断地运抵伦敦并分销到欧洲各地后，英国成为工业和商业中心，其产业结构发生重大转变，农民们生产粮食不再是最具经济性的选择，羊毛和纺织业成为优势产业。后来英国通过圈地运动，迫使农业人口流入城市，成为工厂里的工人后，工商业人口逐渐占据大多数，进入了城市化过程。在这个过程中，英国也就由他保型的王权帝国，转为自保型的社会制度。

15.4　他保型人群与自保型人群的矛盾冲突

他保型人群与自保型人群对权力和财富的观念不同，导致了两个人群存在严重的矛盾对立。他保型人群秉持的是农牧业生产所带给他们的权力和财富观念，如认为土地是财富之母，因此，财富是有限的，对于财富的竞争是零和，一个人财富的增加，另一个人的财富必然减少。一旦土地、粮食等财富被掠夺或因竞争失败而丧失时，就面临着长时间的饥馑状态，他们对于平等的理解，是出于对竞争心怀恐惧，进而要求平均土地、平均财富的绝对平等，他们渴望被强人保护，他们需要一个强有力的无限政府给予保护，制止竞争；而自保型人群从工商业活动中获得权力和财富观念，他们认为，财富不取决于有形的物质，财富更多的是基于手艺、技巧、眼光和智能等因素，因此，他们认为财富的竞争不是零和的，可以通过改进、提高技能获得更多财富，他们需要人人拥有自由交换的权力，不希望被强人干预和管制，认为只需要一个有限政府等外部力量维护公平交易即可。

权力和财富观念的对立，导致这两类人群会发生严重的思想冲撞，往往会由此形成社会的暴力冲突，典型的例子有美国南北战争、南美等国的军人独裁化、韩国经济起飞期的社会动荡，以及德国在一战二战期间的社会冲突、法国的大革命、意大利的法西斯化、日本的军国主义化，等等，这都是两类人群严重思想冲撞的后果。他保型人群获胜，则社会制度会回到强力政府统治，自保型人群获胜，则向民主共和制政府演化。

他保型人群主诉的观念是平等，自保型人群主诉的观念是自由，由于他保型人群对自由竞争的恐惧感远远高于自保型人群对平等的恐惧感，因此，尽管他保型人群占比少于自保型人群，往往还是能在冲突中获胜。

15.5 他保型社会与中等收入陷阱

他保型人群在获得了一定的自由平等的人身权力后，并不清楚如何正确地使用其人身权力，并不清楚其权力边界，其思想本质依然是他保型，这必然要与自保型人群发生严重的权力冲突，如果不能很好地平息、制止冲突，则农牧人口与工商业人口之间的社会暴力冲突，就会延缓或阻止城市化进程，破坏工业化过程。工业企业和商业企业等经济组织被破坏，国家组织的二级三级组织被瓦解，将会导致经济的严重衰落，这个国家就会落回到农牧业为主的低收入状态，也就是重新陷于中等收入陷阱。这是因为工业化过程是社会高度组织化的过程，工业化程度降低，即社会组织化程度降低，导致社会生产率降低，社会产出大大减少。这种状况造成的严重后果是，社会动荡出现甚至加剧，经济组织力量削弱甚至瓦解，国家会重新陷入贫困状态。典型例证是，南美的阿根廷长期陷于中等收入阶段，非洲的津巴布韦甚至从非洲的面包篮，重新归于严重贫困状态等。

如果一个国家的指挥阶层可以压制农牧业人口与工商业人口之间的社会暴力冲突，社会发展进入相对平衡状态，至他保型人口低于30%时，就会渡过中等收入陷阱，进入工业化国家。可以渡过这个过渡期的指挥阶层大都采用专制的方法强制社会发展进入工业化，即开明专制的状态，例如，美国强制战后的意大利、日本转入工业化进程，韩国和智利的军人政变独裁，强制社会的工业化城市化，以及新加坡李光耀的强人政治的工业化进程，等等。

15.6　欧洲的制度结构

欧洲的封建社会阶段，并不同于其他大陆的封建社会阶段，其他大陆的封建帝国都是王权和宗教权力全部由帝王及其统治团队控制，即所谓的政教合一的政治体制。封建帝国的君王不但掌控着暴力，还掌握着宗教权力，拥有神圣性，君王用暴力保护自己的神圣性，又用神圣性维护自己的暴力，两种权力的流畅使用可以让帝王严密地控制社会。而古代欧洲则存在着独立的宗教权力，即教皇和他的教会团队，教皇掌控有宗教权力，并拥有至高无上的神圣性，甚至国王们必须由教皇行加冕礼后，才具有合法性。因此，古代欧洲很长时间内并不存在政教合一的帝国，欧洲的帝王只能掌控着暴力，而不具有最高神圣性，他们不能使用神圣性来维护自己的暴力统治。

我们知道宗教是古代人类的知识体系的产物，欧洲的宗教系统由于不能依靠暴力权力来维护其神圣性，那么只能依靠完善其知识体系来保持其神圣性。例如，各国的宗教都对天文学情有独钟，准确预测星球的运行规律是展示其神圣性的重要体现。欧洲的宗教系统对天文学的研究远远超过了其他大陆的其他宗教。古代欧洲的教会还通过办教会学校，培养自己的信徒，宣传其神圣性，因此，教会非常注重培养博学多才的教士，深入研究涉及哲学和天文学的相关知识，古代欧洲的大学大多为教会创办。古代欧洲的帝王们并不甘心丧失神圣性，为了与教会竞争神圣性，也纷纷建立知识研究机构。这就是为什么政教合一的封建帝王国家一般不热衷于追求知识，而古代欧洲的帝王们则十分注重知识的发掘和积累。

欧洲封建帝国的大部分时间里都是权力多元化的政体结构，欧洲社会的指挥阶层至少存在三个权力中心，主要是王权、宗教权力和贵族权力，这比其他一家独大的王权独裁统治的帝国更加复杂、多元化，欧洲的社会制度具备先天的民主化优势，王权和宗教权力对神圣性的争夺，使得知识和科学获得快速的发展，宗教权力对王权的限制，使得贵族权力获得发展，三方力量的角逐使得社会制度发生快速演变。

15.7 英国与第一次工业化革命

众所周知，水运是古代交通的高速公路，具有运输量大、运输成本低和运输速度快的特点，世界上大多数的大型城市都位于大型河流或海港的附近。最初古希腊的兴起是由于其位于发达的古埃及、中东和南部欧洲的海运贸易运输交叉点上。随着古埃及的衰亡，以及西欧、中欧的人口增加和经济的发展，贸易中心西移，威尼斯、佛罗伦萨城邦崛起，接替古希腊成为地中海海运贸易运输的交叉点。同为城邦文化的经济模式，使得其极为推崇古希腊文明，并直接开启了文艺复兴运动。随着西部、北部欧洲的人口增加，贸易中心渐次西移、北移，位于莱茵河口、毗邻北海的荷兰阿姆斯特丹正式成为海运和内陆贸易运输交叉点，荷兰因此而崛起。而后，随着美洲大陆的发现和开拓，欧洲和美洲两个大陆之间的贸易快速增长，17世纪的英国恰好处于美洲和欧洲大陆的海运交叉点上，英国伦敦由于位于泰晤士河口，航运、补给条件都优于东岸的法国港口，因此，成为跨大西洋货物贸易和人员流动的中转站，贸易中心转移到了英国伦敦。历史给了英国人一个大机会，而由于《大宪章》和光荣革命，实现了对王权的约束，英国人具备了所有崛起的条件。

海运技术的成熟快捷，使得英国甚至可以把整个欧洲作为一个大市场，这使其手工业和商业获得快速发展，《大宪章》和光荣革命，使英国由他保型社会比较平稳地转化为自保型社会，其标志是实现了对于王权的成功限制，贵族和平民获得了组建自己经济组织的权力，宗教势力则作为拥有神圣性的第三方成为中立的裁判者，它对贵族和商人的私有财产的严格保护，使得人们对未来有了稳定的预期。由于具备了一个足够大的市场，英国人可以从欧洲和美洲获得足够的粮食和各种原料，因此，可以支持英国的工商业者不断地招募更多的工人，扩大自己的生产工厂，大量农民脱离了土地成为工厂里的工人，其社会组织化程度越来越高，分工越来越细化，工作效率和生产效率大幅度提高。对个人财产的保护，使英国的工商业者迸发出强烈的创造力和探索精神，钢铁、纺织机和蒸汽机的发明，使得英国成为第一次工业革命的发源地。

15.8　工业革命为什么没有发生在古代中国

工业革命为什么没有发生在古代中国，其原因很多。第一是政教合一的统治模式，导致了统治者对知识的垄断，或对宇宙世界解释权的垄断，这使得人们不敢或不能追求掌握更多的知识，人们对世界的理解仅仅停留于模糊的初级认知阶段，这使得古代中国只能发展出单项的技术，而不能发展出系统化的科学，没有科学的指导也就不能形成系统化的技术体系，因而，更不能制造出由多种科学技术集合、融合的大型工具。

第二是他保型社会的统治者限制市场组织的扩大。统治者和他的指挥阶层拥有随意剥夺行动阶层财产的权力，这使得大型的市场组织面临巨大的风险，人们为了避免遭受财产损失，不得不自我限制规模。没有财产所有权，人们就没有动力研制大型工具，也无法组建适应大型工具的组织。

第三是由于古代中国的重农主义。由于古代中国的统治者过于重视农业，轻视手工业和商业，他们给社会人员的排序是：士农工商。士是官吏阶层，占据社会的制高点。从事农业的人员社会地位高于手工业者和商人，有一段时期，甚至禁止商人的子女参加科举考试。明朝时期，对于手工业者，则要求子承父业世代做手工。农民这个职业，在社会发展中是逐渐位置排序后移的，手工业者和商人逐渐位置提升。由于古代中国的统治者用暴力提升农业人口的社会位置，这使得人口过度存留在农业产业，而无法进入手工业商业获得更大发展，整个社会的工具进化也就十分缓慢，劳动效率提升也就相当缓慢。

上述三项原因决定了工业革命不可能发生在古代中国。

第六篇　市场的形成

社会性动物在群体中存在着相互交换信息、服务和物品的行为，交换行为是连接社会性动物构成群体的最基本的要素，社会化程度越高，群体中的相互交换行为越频繁。人类作为高度社会性的动物，相互交换行为是极其复杂和频繁的。所谓的市场，其本质就是一系列的交换规则，市场可以分为广义市场和狭义市场，广义的市场就是人类所有的交换的总和。在市场中人们交换权力和利益，交换物品和服务，交换信息与观念等等。狭义的市场是特指现代社会的基于自主交换的一整套交换规则，人们交换物品和服务的行为。

第十六章　分工与交换

广义地讲，自然界最原始的分工，就是雌雄两性的分工，雄性负责给出精子，而雌性负责给出卵子，雌雄两性共同繁育后代。而最原始的交换，就是雄性动物求偶时，向雌性动物展示的技能或物品，雌性接受雄性的技能或物品，并愿意与其共同繁育后代。男性原始人与女性原始人之间的指向繁殖意愿的交换，是人类最早的交换，是我们今天所有交换的起源。

狭义而言，分工和交换是社会性动物的一个特有的性状，一般的社会化生物都会有一些自然的分工，分工自然就会产生交换，分工与交换是社会性动物为了提高自己的生存效率做出的选择，社会性动物组织化，通过分工与交换构成组织，从而形成一个类生物体。组织化程度越高的动物其分工与交换的活动越复杂。社会性动物群体间的分工与交换，会带给每个个体成员高出其单独生存时所获得的收益，如更高的生存概率。在这些群体中，很显然并不是每个个体获得的收益都是均等的，他们是按照等级顺序由高到低获取这些收益，如果某个个体单独生存或在加入其他团体时，所获得的收益高于在原有群体中，他就会离开这个群体。比如，羚羊群中的羚羊在吃草，而总有几只抬头四处张望监视周围的情况，这些负责警戒的羚羊牺牲了一些吃草的时间，下一个时刻，他们开始进食，而另外一些羚羊抬起头负责警戒，整个羚羊群即可以警戒掠食者，又可以获得更多的进食时间，每一只羚羊都获得了更高的生存概率。很显然，在兽群核心区进食的羚羊有更高的生存概率，而在兽群边缘觅食的羚羊，被掠食者捕获的概率更高。但是这些分工往往是临时性分工，每一个体都随机承担某些角色，这种分工仍然处于本能的非专业化分工状态。

前面说过，社会性的动物组成的族群，从宏观上看都是类生物体，组织化程度越高的动物群体，其内部的分工越类似生物体内部的组织和细胞之间的专业化分工。如蚁群或蜂群，蚁后、蜂后专事生产后代，工蚁、工蜂从事采食和哺育后代，兵蚁专职防御敌害。人类也是社会性的动物，人类社会发展的方向趋向于组织化程度越来越深，从整体上看，人类族群或国家更像是类生物体，人类的分工也远比其他社会性动物更加细致和专业化。

分工与交换对于类生物体的意义就在于节约能源，降低能耗和提高效率。比如，狮群中一部分狮子承担驱赶猎物的职责，另一部分承担伏击猎物的职责，这样的分工减少了狮子的奔跑距离，提高了捕猎成功率。人类的分工可以大大提高生产效率，亚当·斯密曾举例说明，一个普通人一天都不可能做出一枚别针，而专业化的工人每天可以制作成千上万只别针。人类社会的组织化程度越深，其分工就越细。在《国富论》的开篇，亚当·斯密用很大的篇幅说明了分工的重要性。斯密指出，分工有三方面的好处：第一，它有助于手的技巧的完善，提高人的劳动熟练程度和判断力；第二，它节约了在不同工作环节之间转换劳动的时间；第三，它增加了发明新工具的可能性。正是由于有了这些好处，人们才得以通过分工合作大幅提升自身的力量，完成仅靠单个人难以完成的事情。

16.1　觅食、生产与劳动

在远古时期，类人猿族群与其他兽群一样，都是集体外出觅食，它们获得食物的能力很差，每一个猿人都必须自行觅食，才能够使自己免于饥饿，即便是族群首领也必须自行觅食，只不过首领可以在最安全的区域觅食，或能够获得最好的食物。此时，猿人们的行动可以称之为觅食性生存活动。

随着工具的制作和应用火的能力发展，猿人们获取食物的能力大大增加，这时猿人族群已经有能力获取更多的食物，来养活一部分不能或不需要外出觅食的族群成员，这种情况之下，族群首领和一部分猿人，就无须冒风险外出觅食了，这时，外出觅食的猿人们的行动可以称之为生存活动。

随着人类的进步，人们可以用更少的人生产更多的食物，来养活更多的人，也就是说人们只需要更少的生存活动，就可以养活自己，多出来的人从事各种非生存必需品的制作活动，这可以称之为生产活动，人类的生存活动和生产活动的总和可以称之为劳动。

对于一个人类个体来讲，他的劳动时间也可以分为生存劳动时间和非生存劳动时间，生存劳动时间越短，表明他养育家庭的能力越强，相应地非生存劳动时间越长，表明他获取财富的能力越强，因此他可以通过展示其财富来获取在族群中的高排序，吸引异性的青睐。对于一个人类组织来讲，同样存在组织的生存劳动时间和非生存劳动时间，这个组织完成给其成员发放的薪酬、缴纳的税费的时间，就是生存劳动时间，其余的时间是非生存劳动时间，非生存劳动时间的长短，表明了这个组织获取财富的能力大小。

组织的控制者必须努力保证组织的生存，缩短生存劳动时间，延长非生存劳动时间。组织的非生存劳动时间自然而然地可以被视为组织的控制者的非生存劳动时间，一个优秀组织的控制者其拥有的财富与组织的非生存劳动时间成正比。

正如狮群一样，母狮承担狩猎任务，承担受伤和付出体力的风险，而狮王却总是在狩猎成功后，第一个享用猎物。人类族群同样如此，族群的首领也是避免在狩猎过程中受伤，而被重点保护的对象，当族群进入到生产活动阶段后，首领就不再参与觅食活动和生产活动了，发展更进一步后，首领的盟友们大多也不参与觅食活动和生产活动了。社会的发展进入到一定阶段后，指挥阶层也不参与生产活动了，而是由行动阶层承担劳动的职责。整个社会成为一个类人体，首领和他的指挥阶层就好像人体的大脑和神经指挥系统，他们不再直接从外界夺取食物，而是接受社会组织中其他人的供养，类似于脑细胞和神经细胞由血液供给氧气和养料，行动阶层犹如类人体的手、足、嘴巴和消化系统，承担着供养整个社会的劳动职责。

16.2 火的使用促进了第一次专业化分工

随着火的使用，原始人的消化系统逐渐不再能够抵抗生食中太多的病菌和寄生虫，因此，火对原始人部落的重要性越来越大，保持火的存在成为部族的重要事项。在没有掌握就地取火的方法之前，如果原始人们都离开洞穴外出觅食，火就会因为缺少燃料而熄灭，因此，部落中必须要有人专门照看火，以避免在外出狩猎时火堆熄灭。看守火种在最初并非是每个原始人都可以做的工作，于是某些原始人就专职看管火种，这就是人类真正专业化分工的开始。这样的专业化分工是建立在原始人族群的觅食能力有所提高、能够至少负担一个成年人专门照看火堆的基础上的。

原始人群体出现了专业化分工，一个或几个人必须留下照看火种，而不能出去狩猎，看守火种的原始人也必须获得食物，同时，出于对烤炙食物的喜好，以及烤炙食物带来的好处，使得外出觅食的原始人也改变了就地取食的习惯。原始人逐渐改变捕食习惯，由捕获猎物后立刻分食，变成拖带猎物返回居住的洞穴，将其烤制烧熟后食用，外出捕猎的群体和在洞穴中看守火堆的原始人之间自然而然地发生了交换，这呈现出一种不指向繁殖意愿的新交换。火的重要性使得看守火种的原始人在群体中拥有比较高的地位，其获得的食物往往会很丰厚，他们在后续的生活中，往往成为巫师、通灵者、神的使者之类的角色。

16.3　狩猎与采集是第二次分工

随着原始人部落人口的增加，部落需要更多的食物，原始人猎手外出狩猎的范围不得不越来越大，不适合长途奔跑追逐野兽的女性和幼年原始人，都会被留在洞穴附近寻找采集易于得到的植物性食物，原始人第一次出现了采集和狩猎的分工，采集到的植物性食物与捕猎的动物性食物都会被带到洞穴烤熟后共同食用。第二次分工所导致的食物交换，并不能被称作市场交换，因为此时还处于共同进食阶段。

16.4　第三次专业化分工

原始人为了获得更多的食物，不断地制造、改进工具，随着工具的优化，原始人获得食物的能力不断提高，当原始人获得食物的能力进一步提高后，部落中的一些人可能就无须再去打猎，而仅仅依靠交换行为就能够维持自己生存。例如，会搭建房屋的原始人仅仅依靠为他人搭建茅草房，就可以从市场换取足够的食物和其他物品，他就无须去打猎或采集了，也就是说，专业化分工是建立在一个成年人供养人口数量增加的基础之上。一个成年人供养人口数量越多，社会能实现的分工就越细。比如今天的美国仅仅依靠1%的农业人口就可以供养其他99%的工业、商业、服务业人口，甚至还有粮食出口，所以，美国可以支持非常细致的社会分工。

随着原始市场的出现，原始人发现通过发挥自己的特长，就可以获得自己所需要的物品，于是这个人就放弃以打猎方式维持自己生存的行为，开始为他人搭建房屋或制造工具，以换取其他所需物品，那些打猎能手则不必再笨拙地亲手搭建茅草房，转而全力猎捕动物，来换取茅草房和其他物品，于是整个部落的生产效率获得大幅度的提升。这时由原始市场导致的第三次专业化分工就出现了。

从广义上讲整个社会的交换活动都可以被称为是市场行为。专业化分工使得一部分人专门从事某一种物品的生产，于是人们只需要准备生产某一种物品所需要的一类工具和原料，这就降低了生产成本。而长期从事某一物品生产又会提高生产者的作业熟练程度，因此社会的生产成本得以降低，生产效率得到提高。

16.5 迂回分工的误区

现有经济学中认为存在迂回分工，笔者通过分析认为并不存在迂回分工的问题，是否存在迂回分工由经济发展水平和需求决定。

古代的人们期望在市场交换中获得更高的收益，一是使自己生产的产品以更高的价格被消费者接受，二是相同的产品，自己的生产成本更低。究其根本就是以自己更少的劳动时间，换取他人更多的劳动时间。要达到这个目的，古代的商品生产者有三个途径：其一是更高超的生产技巧，其二是使用生产效率更高的工具，其三是在信息方面占据先机。更高超的生产技巧需要更长时间的训练，甚至是天分，在后期，虽然可以减少生产商品的时间，但是，生产商品的总耗费时间应该将训练生产技巧的时间计算在内。在信息方面占据先机也是偶然性很大的机会。而工具的改善则可以大大降低生产成本，提高成品率，即大幅度缩短自己付出的劳动时间，工具的改善甚至可以降低对手在生产技巧方面的优势和信息方面的优势。良好的工具可以使一个技巧不那么熟练的工人生产出质量合格的产品，工具改良后，会使持有工具的工匠获得决定性的成功。例如，英国的纺织机研制成功后，机器纺织彻底击败了手工纺织，手工纺织工匠们积累的纺织技能优势化为乌有，手工纺织工匠们甚至攻击工厂的纺织机，以求挽回自己的市场。

只有当某个产品的市场容量足够大的时候，制作这个产品的专用新工具的需求市场才会足够大，当市场能够养活制作新工具的人之后，才能出现新的工具制作工匠这个职业分工，否则，制作工具的人一定会兼职其他生产工作，而不会出现更加细分的专业化分工。

16.6　雇佣与劳动力市场是第四次专业化分工

市场组织是多个人组合在一起，组成一个有机的类生物体。市场是一个民主机制，因此，组成市场组织的人不能是非自由人，或依靠暴力强迫而被动结合的组织。市场组织必须由自由人组成，人们自由选择加入或退出组织，人们选择加入组织是因为在组织中可以获得比组织外更多的收益，否则就会离开组织。组织的创建者招募各种人员加入这个市场组织，不同的人各自有其优势因素，有的人具备管理能力，有的人具备技术能力，有的人具备体能优势，有的人具备资金优势，具备最稀缺优势的人成为这个组织的构建者，具备相对稀缺优势的人成为管理阶层，不具备稀缺优势的人成为组织的行动阶层。管理阶层承担较大的风险，获取企业利润收入，行动阶层承担较小的风险，获取工资性收入，而成为被雇佣者。当技术是稀缺资源时，掌握技术的人会组建以其为核心的师徒式作坊；当资金是稀缺资源时，掌握资金的人会组建以其为核心的资本家工厂；当资源管理能力是稀缺资源时，掌握资源管理能力的人会组建以其为核心的现代企业，例如，乔布斯的苹果公司和马云的阿里巴巴公司。很不幸的是体能是绝大多数人都具备的基本能力，但只具有这种能力无法使人在组织中占据优势，而只能成为组织中的行动阶层。这些人依靠交换自己的体能，期望受到雇佣，来获得加入组织的资格，这样就形成了劳动力市场，劳动力市场和雇佣的出现，是第四次专业化分工。

组织的创建者必须保证每一个加入组织的人都可以得到比在组织外更多的收益，只有这样组织才可以生存下去。例如，河南的农民们排队去富士康公司打工，是因为他们加入富士康公司后，在富士康管理层的调用下，使其单位劳动时间获得更高的产出，即农民们在富士康公司的劳动效率远高于他们为自己种地的劳动效率，他们因此可以获得更高的收入。

16.7　分工与交换的本质

我们可以把社会性动物群体从宏观上看作是一个类生物体，像生物体的细胞会有不同的分工，会与其他细胞进行信息、物质的交换，社会性动物群体中同样会存在分工，每一个个体都会与其他个体相互交换信息、服务和物品，这些分工与交换使得群体得以凝聚和协调。

社会性动物在群体中获取服务和物品的方式有两种：暴力占有和交换。暴力占有顾名思义即利用暴力手段获得服务和物品，例如，狮王通过暴力击败其他雄狮，取得狮群的统治地位，并通过杀死前任狮王幼子的方式，强迫母狮服从它的统治，强迫母狮为其捕猎食物。封建社会中的国王也是通过暴力迫使被统治者交付税费和提供劳役。

通过交换在群体中获取服务和物品，即为市场交换，商品、服务的持有者之间按照自身的意愿自发进行交换行为。当社会性动物的族群更加复杂时，其交换则也随之复杂化，如狒狒的族群中，出现主首领、副首领和一般雄性成员时，其族群出现更加复杂的阶层化，其族群的个体之间同样存在交换，如出现相互梳理毛发的交换方式，下层狒狒争相为首领们梳理毛发，群体中等级相同的狒狒相互梳理毛发，低等级狒狒获得较少的梳理毛发的服务，高等级狒狒获得较多的梳理毛发的服务。

研究者发现，当恒河猴或者大猩猩拨弄伙伴的毛发时，它们不仅是在帮助同伴除去自己够不着的地方的污垢或是寄生虫，其实也在进行着更为深刻的社会交流。换句话说，这种“相互理毛”的行为具有更为深刻的社会学意义。可以说，在大猩猩群里，“理毛”是生活中“服务市场”的“货币”，它们在社会交往中流通——既可以用这种行为来彰显社会等级，也可以以此促进彼此之间的感情，缓解内部矛盾。比如，猩猩更愿意与给它梳理过毛发的同伴分享食物。其实，人类同样有类似的行为。由此可见，所有的灵长类动物，包括人类，都需要社会性的接触。

新加坡南洋理工大学的灵长类动物学专家迈克尔·古默特博士在印度尼西亚的加里曼丹保护区对50只长尾猕猴进行了20个月的跟踪观察。他认为，梳理毛发不仅是猕猴表达友情和亲情的一种方式，而且有时还能用来换取性服务。

古默特发现，发情期的母猴平均每小时性交1.5次，但如果公猕猴帮母猴梳理毛发，这个数字可提高到每小时3.5次。

而且与其他商品一样，性爱的价值也受到供求因素的影响：如果区域内的母猴数量较少，公猴必须用更多的时间为母猴梳毛，才能换来“春风一度”。

古默特说：“事实上交配的代价往往受到市场供需力量的影响。”

其他一些专家非常赞同古默特的研究成果，认为这项研究支持了生物市场力量可解释社会行为的理论。

德国洪堡大学理论生物学院教授彼得·哈默斯坦博士和法国路易·巴斯德大学灵长类动物学家罗纳德·诺埃博士于1994年首次提出了“生物市场力量”这一概念。

哈默斯坦说：“为了让母猴‘同意’交配，公猴必须付出一些代价，这并非罕见。”他还将此行为比作公猴付出的“小费”。（来源：中国新闻网)

以暴力占有形式取得族群地位会消耗很多力量，甚至会削弱族群，因而，社会性动物群体中的普通成员，往往通过交换的方式来确定自身在族群的所处层级。每一个族群成员都在交换信息、服务和物品的过程中，明确了自己所处的等级。在族群中所处的等级意味着进食顺序、安全顺序，甚至是繁衍后代的顺序，更进一步讲就是生存和繁衍的机会的大小。大自然的这种安排是为了保证更好的基因可以遗传下去。

人类社会发展过程中社会分工的形成是族群内个体相互竞争的结果，分工的本质是为了确认或竞争自身在组织和社会中所处的等级位置。一些人竞争获胜而处于社会分工的上层，另一些人竞争失败而处于社会分工的下层。处于组织的指挥阶层和社会分工上层的人们会控制或支配更多的物质、服务、信息，以及拥有更多的更频繁的交换活动等，在遇到危险或危害时，会获得更多的保护。处于社会分工下层或行动阶层的人们则只会控制或支配较少的物质、服务、信息，在遇到危险或危害时，会获得较少的保护，他们的交换活动也少得多。所以，可以认为社会分工的本质是标明个体人在社会中所处的位置。当族群中个体排序明确以后，社会性动物群体中的普通成员往往通过交换的方式来展示或提高自身在族群的所处层级。

人类族群中普通成员以暴力方式进行竞争的行为，往往会被首领制止，普通成员更有效地达成社会分工的方法就是交换。交换的实质是处于行动阶层的人与人之间的竞争，他们竞争资源，竞争在社会中的排序位置，排序位置越靠前，他就拥有更多的控制其他人时间的权力。排序位置靠前的人，由于掌控有更多的资源，因而，被认为有更强的能力养育了女，于是成为更优的婚配对象。在后期的社会进程中，大多数人都是根据其在社会中的排序位置选择配偶。

随着交换内容与形式的拓展，人与人之间相互交换的物品和服务种类繁多，人们的社会分工也十分繁杂。我们抛开这些表象，可以看到分工是个体以不同的方式相互服务，人们交换物品和服务的背后是交换相互服务的时间，与指挥阶层用暴力控制他人为自己服务不同，交换是相互约定控制对方服务时间的，只不过一些人控制他人的时间更多，另一些人较少。但是从交换的本质看，人类最渴求的资源就是时间，即他人为自己服务的时间。在交换过程中每个人都希望以自己较少的服务时间，来换取其他人较多的服务时间，获得他人更多服务时间的人就是富裕的人，获得他人较少服务时间的人就是贫穷的人。

控制他人较多时间的人处于社会的上层，控制他人较少时间的人处于社会的行动阶层。

16.8　交换对象的选择

人类相互交换物品与服务，其本质与黑猩猩相互梳理毛发是一样的，都是用自己的时间交换对方的时间，但不同层级的人其时间交换比例并不相同。高层级的人少量的时间，可以换得低层级的人较长的时间。由于交换具有展示其社会排序的功能，一个人接受谁的商品与服务，可以明确显示其所处的社会位置，因此，人们选择交换对象与黑猩猩选择谁来为他梳理毛发是类似的。黑猩猩首领更多的是接受第二、第三首领的梳理毛发服务，而人们一般只接受略低于其社会排序的人的物品与服务。于是就出现了社会的上层只接受技能更高的人制作的所谓名牌商品、高端定制，来展示其更高的社会排序，社会的下层则会选择普通人生产的普通商品，社会下层的人不断地追求、模仿并生产与社会上层使用相类似的商品，以期展示并提高自己的社会排序。高端商品的平民化过程，就是商品扩散效应，一种商品最初是富豪们的专宠，而后，被规模化生产出来，很多普通人都能享用，而社会上层则不断地寻求新的高端商品。总之，人们趋向于使用更好的商品与服务，来提升和显示自己所处的社会位置。

16.9　交换对社会生产效率的影响

不可否认的是交换行为仍然是一种对资源的竞争行为，交换双方都获得了收益，提高了各自的生产效率或资源利用效率，交换双方在社会的排序有所上升，而被排除在交易之外的第三方竞争者其社会排序相对下降。另外，由于丧失了一次交换机会，而不得不消耗时间继续寻求其他交易者，这个寻找过程使得第三方损失了一些生产效率或导致了资源利用效率有所降低。交换双方获得的生产效率或资源利用效率的提升，如果能够弥补第三方损失的生产效率或资源利用效率，那么，整个社会的总和生产效率或资源利用效率就是提升的，反之，则是下降的。

第三方花费在寻找其他交易对手的时间越少，其效率降低的幅度就越小，因此，在古代交通和信息传递不发达的时代，人们会定期聚集在一起形成一个有形的市场。如果寻找其他交易对手耗费的时间过多，人们则倾向于自给自足。在现代社会，人们的交换极为频繁，为了降低寻找交易对手所花费的时间，也愿意聚集在一起，这就是超级城市或城市群越来越多的原因。

16.10 分工与社会生产效率

亚当·斯密在他的《国富论》的第一篇第一章中描述，社会分工是提高社会生产效率的手段。从人类社会进化的过程来看，分工是人类的工具型进化和组织型进化相互作用的结果，分工方式取决于工具型进化和组织型进化所处的阶段。我们观察到的首先是社会组织中个体人的分工和专业化，进而由个体人组成的组织也发生了分工、专业化。已经分工、专业化的组织中的成员会继续进行更细致的分工和专业化。

在市场经济中，众多的市场组织间存在强烈的竞争关系，市场组织迫于竞争压力而不断提高自身的生产效率，即资源利用效率。在市场竞争中生存下来的组织，一定是拥有较高资源利用效率的组织，这些组织不断研发更高效率的工具，不断改进组织结构，使组织趋向于生产效率更高的专业化，市场组织的专业化又推动了整个社会组织的演化。社会经济的发展水平或者说社会生产效率与市场组织的分化、专业化水平是对应的，当市场组织受到指挥阶层限制不能够发展时，社会经济就会陷于停滞甚至是衰退。

市场组织的分化、专业化还受到生产力水平和市场规模的影响。比如在原始社会，人们劳动能力低下，无法养活更多的人口，就需要每一个有一定劳动能力的人都参加捕猎或采集食物的活动，这种状态下是无法分工出一个专门制作工具的人的。再比如，一个小村庄中的理发师，由于村庄中的人口不多，他并不能仅仅依靠理发来养活自己和家人，也许他还必须兼营一个小百货铺，而在大城市中由于人口众多，理发师有足够的客源和收入，这样他就可以专心从事自己的理发职业。由此可知，如果没有足够强的生产能力，没有足够大的市场，分工就不可能细化。大市场的前提就是人口众多或交通便利。

社会分工表达的是个体人在社会中所处的位置，这使得人们从事的工作就代表了社会地位。人人都希望可以从事具有较高社会地位的工作，于是人们通过学习知识、技术去争取较高社会地位的工作。随着社会的发展，曾经的较高社会地位的工作会由于有很多人掌握了其技术技能，就会不断降低该项工作的含金量，而不断出现的新工作，因其需要更多的知识和智慧，具备更高的难度，又成为代表更高社会地位的工作。例如，农业工作曾经是地位比较高的工作，但工业革命之后，农业的劳动效率远低于工业，工业方面的工作成为具备较高地位的工作，而后，是金融、科技领域的工作。不论什么时代，能够组建、运营自己的经济组织的人，其社会地位往往都很高。

第十七章 市场的基本概念

17.1 原始市场的形成

当人们站到食物链的顶端，不再面临猛兽威胁时，人们的生存竞争的对象就是另一个人，当这个人是另一个部落的人时，这时的竞争是食物或空间等资源的生存竞争，在竞争中会不惜通过暴力和战斗来击败甚至杀死对方。在同一部落族群或社会的人之间同样存在竞争，虽然未必会用暴力和战斗的方式，但是，仍然要对生存资源进行竞争。部落内部竞争的方式有三种：第一是夺取最高统治权；第二是成为最高统治者的盟友或团队成员，求得最高统治者的赏赐；第三是下层个体间的竞争。前两种竞争是通过取得部落族群指挥阶层的地位来获取资源，获胜者成为部落的指挥阶层，得到部落中最好的资源，以及优先择偶的权力。第三种竞争是部落的行动阶层之间对生存资源的竞争，其中主要是交配权的竞争，这类竞争由于涉及部落成员比较多，因此往往不能通过相互暴力伤害的方法，因为这类方法会使族群中的男性都面临受伤或死亡的危险，会削弱整个族群的生存能力和竞争力，指挥阶层也会制止部落成员以相互暴力伤害的方法争夺配偶权。在面临生存竞争的压力之下，有些部落选择了低烈度的求偶竞争，即由男性来展示自己的身体条件、持续获取特定物品的能力来获取女性的青睐，这样的竞争不会损害部落的总体实力，从而使得部落的总体实力得以保存甚至逐步壮大。这样，在与其他部落间的竞争而不得不使用暴力手段时，他们具有一定的人数优势，更有可能在竞争中胜出。

一般来讲，第三种竞争是温和的、有序的和有规则限制的，竞争胜利的男性抱得美人归，竞争失败的男性则继续寻求其他的女性配偶，而最终的失败者则丧失婚配机会，承受基因不能延续的后果。这是自然界优胜劣汰的生存规律在人类社会的一个体现。

由于人类养育子女的时间长达十年以上，因此，男性身体强壮、大脑灵活、反应敏捷等体能优势条件，很难在如此之长时间内一直维持在高水准，因此，女性在择偶时，考虑男性身体因素所占比重逐渐减小，而更多的是看重他们持续获取特定物品的能力。获取特定物品的方式有两种，第一是自己凭借技能获取，第二是通过交换来获取。当女性发现无法仅凭持有某一种物品来判断男性是否优秀时，女性则会提出更高的要求，比如将择偶时所需的特定物品多样化，清单会越来越长。也许在某个时期，女性会仅仅要求求爱的男性去猎杀一头雄狮，并带回它的皮毛，以证明自己身体强壮，技能优秀，男性原始人可能因为拥有一头雄狮的皮毛就被判定是一位优秀的配偶。随着狩猎工具和狩猎技巧的提高，猎杀一头雄狮并获其皮毛变得比较容易，能够做到的男人也越来越多，于是，女性就会提高择偶条件，比如，除了持有一头雄狮的皮毛外，还要有一串兽牙项链，还要有一间茅草房子、10头牛羊等等，这使得男性仅仅凭借自身技能来获取这些物品，不仅消耗资源很多，而且逐渐变得不可能。于是男人们拿出手中多余的物品，去交换自己缺少的却是他人手中多余的物品，如某人有两间茅草房，却缺少5头牛羊，他可以用一间茅草房去交换他人的5头牛羊，以期凑齐女性要求的特定物品数量。

交换实现过程中的一个最关键的因素是信息。什么人持有何种特定物品，什么人愿意出让何种特定物品，交换成功与否取决于对这类信息的掌握。原始人如果采用逐一走访的方式，需要耗费太多时间和资源，而部落中的定期或不定期聚会，可能是传递这些信息的最简便最节约资源的处所。在部落聚会中交换信息的同时，对求偶物品的交换，导致了有形的原始市场的形成。在原始市场出现之初，应该仅仅是一部分原始人交换求偶物品，随着人们获取食物能力的提高，人类族群开始出现更进一步的分工，于是市场开始承担起交换生存必需品、如猎物或谷物等功能，市场成为每一个部落成员相互联系的纽带。

17.2 市场规则的主观性和客观性

最初的市场规则，就是族群的指挥阶层给行动阶层制订的，用于竞争配偶，以及交换物品和服务的一套规则，这套规则尽管是族群的指挥阶层人为制订的，具有主观性，但是，其规则需要接受族群竞争的考验和自然选择，只有在族群竞争中取得胜利，符合自然选择，其规则才能够传承下来。竞争失败的族群，其市场规则也被淘汰，这就是市场规则的客观性。各个时期存在的市场规则均符合当时相应的环境，市场规则通过竞争与自然选择也处于不断演变、进化的状态中。

行动阶层的成员一方面按照市场规则进行资源的竞争，另一方面又不断地寻找市场规则的突破口，用各种方式竞争资源，而族群的指挥阶层则不断地制止他们认为有损族群整体利益，或损害、威胁到自身利益的新竞争方式或行为。指挥阶层认为有益于族群、有利于自身的市场竞争行为被允许，因此，市场规则是指挥阶层和行动阶层双方共同作用形成的一种适用于族群行动阶层成员获取利益的一种机制。例如，族群行动阶层最原始的竞争也许是相互暴力抢夺，这可能会造成成员间的相互伤害，会损害族群整体利益，因此被指挥阶层出手禁止。

市场是一个按能力竞争并分配资源的体系，相较于按权力分配体系，它是一种低能耗的分配体系，而并不是一个高效的资源分配体系。但是通过市场竞争这个过程，却可以自动调节、纠错，能够使资源趋近于合理分配。按权力分配体系是一种高能耗分配体系，它可以通过暴力控制达到快速资源配置的目的。在一些特殊的时期或地区取缔狭义的市场，利用权力分配体系快速进行资源配置，也可以在较短的时间内，使区域经济取得相当高的发展速度，但是，由于没有竞争这个过程，难以实现自动纠错，以及高能耗造成的高代价，按权力分配体系并不能长时间维持下去。

17.3 市场的目标不是均衡

经济学的鼻祖亚当·斯密观察市场时，发现当某种商品价格升高，就会吸引更多的人来生产，这会导致该商品供应增加、价格下降；当这种商品价格降低，生产者就会离开，该商品供应减少、价格上升，如此循环往复，最终商品价格会趋于稳定。因此，古典经济学认为，市场会自动达到需求与供给的均衡状态。由于商品价格的波动，引发资源的聚集和离散，很多经济学家认为这种情况造成了资源的浪费，至于经济危机的爆发，则被认为是市场失灵，没有自动达到均衡的状态。如同自然界的竞争机制一样，市场机制使需求与供给达到均衡状态，这是市场机制起作用的结果，而不是市场机制的目的。在自然界中的例子就是，草原上的草多了，羊群就会大量繁殖，由于羊群数量太多，把草吃光了，羊群又会大量死亡，或者羊群被迫迁徙他方，最后，草地和羊群达到一个平衡状态，但是在这一过程中，羊群实现了优胜劣汰。由此可以看到，自然竞争的目的不是为了达到平衡，而是在达到平衡的过程中，实现自然选择优胜劣汰。

我们知道，人们是通过竞争从市场中获取资源的，市场机制就是自然竞争在人类社会中的一种体现。市场决定资源的分配，获得资源的人或组织就获得生存和发展的机会，失去资源的人或组织就丧失生存和发展的机会。当某个商品需求很大，价格高利润大时，就会有很多生产者组织资源投入生产，每一个生产者为了满足消费者需求，不断地进行革新创造，产品供应量越来越多，性能品质越来越好，价格却越来越低，产品竞争越来越激烈。失败的产品得不到消费者的认可，失败的生产者丧失资源而退出市场，优胜者占据市场。在每一次价格震荡过程中，产品竞争的优胜者因其产品和技术的不断提升而获胜，资源在市场机制的作用下提高了集中度。如果用人为手段干预以制止价格震荡，那么，就会延缓资源向优胜者的集中，而失败的生产者仍在消耗过多的资源，这就会阻碍产品和技术的提升，价格震荡的次数就会增多。

17.4 市场是低能耗的权力争夺的战场

暴力争夺资源是高耗能的，一般发生在市场交换不能够满足人们需求的时候。暴力对人的杀伤，造成大量的人口损失，会严重损害社会发展，作为族群的指挥阶层会尽力避免出现权力竞争者，会努力吸引行动阶层中的佼佼者进入指挥阶层，双方一旦发现暴力行为的所失大于所得的时候，则会转而采用市场交换的方式，达到各自的目的，市场交换是低耗能的战场。例如，两个男性暴力争夺配偶时，可能会两败俱伤，而被第三个人占据佳人。两个国家相互争斗，被第三个国家消灭的情况也经常出现。于是这些人转而采取比较温和的交换的方法来满足各自的需求。

婚配竞争就是通过市场达成的。商人们常常讲，市场如战场，此言不谬！从本质上说市场是非族群统治者的人们通过交换获得资源的地方，同时，市场还如同人类的血液循环系统一样，承担着类生物体社会的内部沟通协调的作用。人们通过商品与服务与他人相互连接起来，成为一个有机的整体，绝大多数的人通过市场和交换获取资源和权力，少数人在市场和交换中失败而丧失资源和权力。获取资源和权力的人有更多、更好的机会生存下去，并繁育更多的子女，丧失资源和权力的人有较少或较差的生存机会，繁育的子女也较少。

17.5 价值的本源

价值的本源是女性判断男性持有的某些物品或技能是否对养育、繁育后代有意义。在希腊神话中，男性为了追求女性，可能会涉险找寻金苹果、金羊毛或者是特定物品。这些神话传说都说明男性根据女性的选择，特意去追求某些物品，并借此表现自己的特质和能力，以求得女性的芳心。

在猿人时期，更强壮的雄性猿人才能带回更多的食物，更多的肉类，雄性猿人们可以通过展示自己强壮的身体，或展示猎物来获取雌性猿人的芳心。随着火和狩猎工具的应用，对身体条件的要求逐渐降低，强壮的身体，已经不是获得更多食物的唯一条件。拥有更好的工具和捕猎技巧，也会捕获更多的猎物，也许这时仅仅展示强壮的身体或者更多的猎物，已经无法凸显雄性猿人自己的特质和能力了，他们就会寻求某些更加难于获得的物品，如用难于获得的猛兽的兽骨、兽牙或兽皮打造的装饰性物品，抑或是需要花费很多时间精心雕琢的罕见稀少的美丽石头，比如钻石，进献给女性，以此来展示自己的能力。拥有钻石的男人和拥有长长尾羽的雄孔雀都是一种能力表达，即向求爱女性表达："我可以耗费大量的资源和时间来获取罕有且美丽的钻石，与此同时，还能很好地生存，这说明我有足够的能力维护家庭养育子女。"这与普通雄性动物用过度消耗能量来展示自己的基因强大是一样的道理。这也印证了，"费舍尔压倒性优势选择学说（Fisherian run-away selection）"中描述的一些雄性动物们用"累赘之物"来作为"性感信号"。

雌性原始人通过雄性原始人所展示拥有的物品或技艺，来判断其是否能够给后代带来安全稳定的生活，如果她认为这些物品或技艺是有价值的，表明他可以获得足够的资源用以支持家庭生活，并养育后代。而金银等亮闪闪的金属制品，以及璀璨耀眼的钻石珠宝等等，这些所谓高价值的物品与园丁鸟求偶的拱门、或乌鸦求偶时所喜爱的亮闪闪的物品一样，这些都属于炫耀性物品，只是因为它们需要花费很多时间和资源才能够获得，是展示雄性获取资源的能力的表示，而对个体的生存并不一定是必需的，只是为了能讨得雌性的青睐。

17.6　价值是主观的也是客观的

当我们认识到价值的本源是女性判断男性持有的某些物品或技能是否对养育、繁育后代有意义，也就是说价值虽然表观上是判断物品的，但其最终目的是用来判断人的。从价值的本源来看，价值既是人们的一种直观感受，是主观判断，也受到自然选择的约束，从而具有客观性。例如，一些女性原始人主观认为男性原始人更加强健为有价值，另一些女性原始人以男性原始人持有长矛判定为有价值，还有一些女性原始人以男性原始人拥有钻木取火的技巧判定为有价值。但经过一段时间的生存竞争，拥有工具和生火技能的原始人生存了下来，而仅仅是身体强健的原始人在竞争中失败，这些身体强健的原始人连同他们的族群在自然竞争中消失了，这就是价值判断的客观性。因为一旦判断错误，选择了错误的标志性物品或技能，就会对养育、繁育后代带来困难，甚至被自然界所淘汰。

由于价值具有主观性，我们就可以知道对于同一种物品，不同的女性会有不同的价值判断，于是可以推论出不同的人对同一物品的价值判断也是不同的。而价值的客观性则规范人们不能够随心所欲地判定物品或技能的价值，对价值判断正确，持有或掌握更有价值物品或技能的人获得更多的生存机会；对价值判断错误，则丧失更多的生存机会。价值的客观性并不能在具体的物品或技能上以确定的数值体现，它是定性的、相对的概念，由判定者个人或组织用获得或丧失生存或发展的机会来表达。随着人类社会的发展，社会分工日益复杂，交换也纷繁复杂，人们的交换从女性的判断出发，对各种物品和技能进行了价值认定，上述事实可以证实卡尔·门格尔（Carl Menger）在《国民经济学原理》（Principles of Economics）一书中所提出的奥地利学派的核心观念——主观价值论。即市场中各种物品或服务其价值并不能片面地认为是由劳动创造的，劳动并不创造价值，劳动只是创造了选择的可能，价值是由人们主观赋予的。对于具有稀缺性并可以展示炫耀的物品或技能，被大家认为是高价值的，不具有稀缺性的物品则被大家认为是低价值的，其价值高低与人们获得这些物品、技能所花费的时间和精力相关性不紧密。例如，一个人从矿井里挖出来一吨的沙石，从中找出了10块宝石，人们施加在每一块普通石头和宝石上的劳动大致都是相同的，普通石头毫无价值，成色不好的宝石略有价值，而成色上乘的宝石获得极高的价值，从这个事例我们可以看出，由于价值主观性的存在，使得劳动与价值并无直接相关。

物品持有人向他人展示其价值时，往往通过这件物品是多么来之不易，耗费了多少时间来制造，来表达其稀有性和难以获得，而在制作时，则力求比他人使用更少的时间。这就是商品生产时间的二重性。

17.7　价值与价格的区别

从价值的本源可以知道，是女性确定了男性的价值。进一步延伸价值的概念，我们可以清晰地看到是需求者确定了商品与服务的价值，任何一种物品如果没有经过交换，无人喜爱或需要它，那么，它就不被人需要，也就不具备价值。价值是取决于需求者自身需求程度的一个主观概念，由于需求的不确定性，因此价值无法被准确衡量。

各种物品和服务甚至包括劳动力在进入到市场之初，供给者都有一个预期价值，这个预期价值就是价格，这个赋值过程是主观的，他们对物品和服务的赋值会考虑成本，或者根据获取的难易程度，但是，更多的是考虑与类似物品的比价效应。在交换过程中，供给者和需求者对物品和服务的赋值信息也在进行交换，只有商品或服务被需求者接受，其价值才能实现。

在一定地域范围内某一件物品或某一类物品经过多次、多人交换，对其价值的判断会受到彼此影响趋于相近，这是由于价值的客观性，使得在这个范围内的需求者们对其价值的判断趋于一致，形成所谓的价值中枢。社会阶层较高的人其赋值信息影响力较大，对物品的赋值行为可以影响周围他人，使得一定范围内的人对于某些物品和服务的赋值与之趋于相近，即价值趋同效应。珠宝以其展示性和稀有性，被女性认为是高价值的，黄金以其展示性和稀有性，被社会的统治者认为是高价值的，于是，在价值观趋同效应的作用下，整个社会都认为珠宝和黄金是高价值的。

17.8　价值是对需求程度的量化

在择偶竞争中，并不是每个男性都可以凭借自身的体能获得那些具有稀有性和展示性的物品，他们往往也通过交换来得到这些物品，然后，向女性展示并求得芳心。男性的这种交换是对各自需求的交换。随着市场与分工的发展，市场的意义逐渐延伸，人们把各种各样的需求拿到市场中进行交换，在市场中的每一个人是需求的供应者，又是需求的消费者。人们在市场中出让自己需求程度低的物品，换回自己需求程度高的物品。我们发现当生存问题不是首要问题时，在市场中那些与生存有关的基础性物品，如粮食等，往往是低价值的，又如人们每天都需要的普通食品；而那些具备稀有性和展示性的物品，如金银珠宝等，人们的需求多，则往往呈现出高价值。当遇到战争、饥荒等威胁到自身生存时，那些与生存有关的基础性物品，如粮食等，由于供给量的减少和需求量的增加，则呈现出高价值。

商品生产者在向市场投放商品时，他会根据同类产品的价格，自身生产中的成本投入、费用支出，以及对自己产品的价值预期，对商品进行赋值。每一个新产品投放市场，都会经历三个过程，第一个过程是稀有展示期，在这个阶段生产商会对商品进行高定价，其定价与生产成本关系不大，消费者根据自身的需求同样要对这个商品进行赋值，如果认同其稀有性和展示性，则给予其高赋值，生产商获取高额利润。随后，其他生产者会跟进生产，形成市场竞争，于是进入第二个过程，即特点竞争期，在这个时期，多个生产商生产的类似产品，各自突出各自产品的优点或特征，生产商会根据对各自产品的优点对商品进行高定价，其定价与生产成本呈现正相关关系，消费者同样要对这个商品进行赋值，如果认同其优点或特征，则给予其较高赋值，生产商获取合理利润。商品的第三个过程是同质化期，这个时期各个生产商的产品优点或特征相差无几，生产商对各自产品进行较低赋值，其赋值与生产成本呈现完全相关关系，生产商努力改进生产工艺，力求降低成本，不惜与其他竞争者大打价格战，消费者对这个商品的赋值也会日趋降低，生产商只能获得微薄的利润。

在市场中，商品生产者会接收到消费者的赋值信息，消费者也会接收到商品生产者的定价信息，经过较多人次的信息交换，人们就会对被交换的物品和服务形成一个基本的需求程度的判断，对于需求程度低的物品或技能给予较低价值的判断。如果物品和服务是稀缺、难于获得的，即需求程度高的物品和服务，给予较高的价值判断，价值（价格）就会升高，反之价值（价格）就会降低。

17.9　劳动时间和劳动效率

人们直观上发现，举凡价格或价值高昂的物品或技能都是消耗了大量时间制作或训练出来的，于是很多经济学家认为劳动时间的长短决定了物品的价值高低，即认为价值与劳动时间有正相关的关系。但是这只是表象，我们知道价值的本源是女性判断男性所持有的物品或拥有的技能是否证明他有能力养育家庭保护子女，而那些男性耗费了大量时间和力气获得的物品或技能，只是希望获得女性高的价值认定。根据累赘理论（Fisherian run-away selection），我们知道男性通过大量消耗时间不断地制造新奇或拥有更高难度的物品，或者占有更多物品，来显示自己即便是消耗了如此多的时间，仍然能够获得足够的食物保持生存，以此证明自己能力和基因的优秀，从而获取女性青睐赢得繁衍后代的机会。这个价值表面上是赋予某种物品或技能的，但实际上是赋予持有人的。

现实情况是，人们持有一个需要花费大量时间、难于获得的物品或技能，只是为了证明自身的价值，但是，如果持有同样的物品，他花费了超过他人更多的时间，则恰恰证明了他的能力和基因并不比他人更好，这样就不会给他本人带来较高的价值评价，因此形成了一个悖论：一种情况是劳动时间越长，产品的价值越大；另一种情况是劳动时间越长，生产人的价值并不会更大。但当我们知道产品交换的本质是人们相互交换服务时间的理论时，这个悖论就会迎刃而解，实质上是人们努力用自己较少的服务时间，来交换他人更多的服务时间。当一个人可以获得他人很多的服务时间，而自己却只需要支付很少的服务时间，这说明了他拥有更高的能力。女性在依据物品或技能判定男性的价值时，通常是根据其持有的某种物品或技能消耗的时间来认定，获取该种物品或技能的男性消耗的自身时间越长，则认定该男性不太具备优秀品质，而消耗时间更少的男性则被认为具备更优秀的品质。例如，某个男性持有较小克拉数的钻石，在女性看来，他就不如持有较大克拉数钻石的男性更有能力。男性制作某种物品，其本身并不愿意比其他男性耗费更多的时间，因此，在男性之间则呈现出节约时间的竞争，即劳动效率的竞争。他们会在工具和方法上进行改进，力求提高劳动效率，节约时间。制作同样的物品花费时间和资源更少的男性，就会有物品数量上的优势，以此得到女性的喜爱。当两个或多个男性持有相同物品或技能时，女性会比较他们获取这些物品或技能所消耗的时间，理所当然会认为耗费时间较短的男性比较优秀。由此看来，简单认为价值与劳动时间有正相关的关系，这并不是正确的理论。

17.10 自由交换与技术壁垒

在市场中，人们交换的各种物品、服务，其本质是交换为对方服务的时间，例如，A先生花费100h（小时）生产了α产品，B先生花费200h生产了β产品，A先生和B先生进行产品交换，他们二人并不知悉对方生产产品所花费的具体时间。但是，他们可以评估自己生产对方产品所耗费的时间，A先生如果自己生产β产品需要花费150h，B先生如果自己生产α产品需要花费300h，如果进行交换，A先生认为自己节约了150h—100h=50h，B先生认为自己节约了300h—200h=100h，双方都认为对自己是有利的，于是他们决定进行交换。每个人都希望用自己较少的时间，交换他人更多的时间，因此，他们都努力提高劳动效率、提高技术，以求缩短生产产品所耗费的时间。

下一次交换时，A先生提高了技术水平，更新了设备，生产效率得以提高，花费80h生产了更优良的α+产品，B先生也提高了技术水平，花费180h生产了更好的β+产品，A先生如果自己生产β+产品需要花费180h，B先生如果自己生产α+产品需要花费350h，这时进行交换，A先生认为节约了180h-80h=100h，B先生认为节约了350h-180h=170h，经过不断地交换，A先生和B先生都力图提高自己的劳动效率，缩短自己的劳动时间，因此，他们会不断地积累知识，完善技术，置办更多更优的设备和工具，这就使得他们各自走向专业化。他们各自所节约的时间就是生产对方产品的专业壁垒，即A先生生产β+产品的技术壁垒是100h，B先生生产α+产品的技术壁垒是170h。随着各自技术的发展，设备和工具的改善，专业壁垒会越来越高。而高效率工具和设备不断被研发出来，使得完成单位产品所需的劳动时间越来越少，这就造成技术落后的一方，生产技术先进一方的产品所需要越过的专业壁垒更高。

自由交换发生在国家之间时，一个国家的优势行业对于其他国家就存在着技术壁垒。例如，发达国家的高技术行业对于发展中国家就具有很高的技术壁垒，发展中国家不得不从事较低技术水平的产业，这种国际产业分工，同样造成人类社会位置排序的结果：发达国家占据位置排序的前列，支配、消耗了更多的资源；发展中国家占据位置排序的后列，支配、消耗了较少的资源。发展中国家要准备足够的知识、人才、基础设施和高技术设备，才能够翻越这道技术壁垒，大多数发展中国家是很难达到的，因此，发展中国家很难晋升成为发达国家。

能够从发展中国家晋升成为发达国家的日本、韩国、新加坡等国家，都经历了一段独裁和强人政治时期。在这个时期中，依靠明智的强权领导人，通过强制力集聚了足够的知识、人才、基础设施和高技术设备，因此，才使得这些国家在某些领域顺利翻越一部分技术壁垒，成为新晋发达国家。而民主政体的发展中国家根本无法完成这个集聚过程，因此，并没有更多的民主政体的发展中国家晋升成为发达国家。在专制政体的国家中，如果没有明智的强权领导人，同样也不能完成这个集聚过程，而使这个国家成为发达国家。

国家的位置排序竞争，与个体人通过竞争获得社会排序的规律一样，排序越靠前，所获得的资源越多，排序越靠后，所获得的资源越少。因此，我们可以看到，技术先进的一方不断地在竞争中获得更多的资源，而技术落后的一方，想获得更多的资源则比较困难。

17.11　价值、成本和劳动时间的关系

生物们的任何活动都需要消耗资源和时间，从广义上讲这些消耗的资源和时间，就是活动的成本。狭义的成本是与价值相对应的一个概念，在前文中，我们知道价值就是人们的主观感受，那么，成本就是人们为了达到这些主观感受，而付出的时间和资源，在一般情况下，付出的时间和资源越多，或者说成本越大，获得的价值可能就越大。但是，成本并不一定能够转化为价值。例如，雄孔雀们拖着长长的尾羽，艰难地行进在丛林中，需要耗费更多的能量

和时间觅食和躲避敌害，这些都是雄孔雀们付出的求偶成本，求偶成功的雄孔雀其成本转化为雌孔雀认可的价值，求偶失败的雄孔雀的成本，则没有转化为价值。

人类通过消耗时间制作物品或获取技能来展示自己的能力，消耗的时间被认为是劳动时间，劳动时间与成本是正相关的关系，成本与价值并无直接关系，成本只是标识着男性或生产者获取物品或技能的难度，女性或消费者对其的判断和接受才构成了其价值。因此，我们可以看到一个人淘金淘了一吨的沙石获取了10克金子，另一个人偶然拾得10克金子，尽管他们付出的劳动时间或成本相差巨大，但其10克金子的价值是相同的。

17.12　需求、供给和均衡价格

当我们回归市场的本来面貌，在物—物交换中，我们发现市场交换中的双方都互为供给者和需求者；在物—货币—物交换中，增加了货币这一交换媒介物，但是，市场交换中的双方仍然互为供给者和需求者。我们可以认为商品提供者是货币的需求方，货币提供者是商品的需求方，因此，我们可以用商品作为描述货币价值的价格，也可以用货币作为描述商品价值的价格。

曼昆在他的《经济学原理》中指出："需求曲线表示一种物品的需求量如何取决于价格。根据需求规律，当一种物品价格下降时，需求量增加。因此，需求曲线向右下方倾斜。根据供给规律，当一种物品价格上升时，供给量增加。因此，供给曲线向右上方倾斜。供给与需求曲线相交决定了市场均衡。在均衡价格时，需求量等于供给量。买者与卖者的行为自然而然地使市场趋向于均衡。当市场价格高于均衡价格时，存在超额供给，这就引起市场价格下降。当市场价格低于均衡价格时，存在超额需求，这就引起市场价格上升。"

在表面上看，商品的价格的确如曼昆所描述的那样在变化，但是，当我们深入到市场交换的具体环节中时，就会发现这个理论未免有点简单，它仅仅是对现象的简单描述，而没有看到现象背后的决定因素。

曼昆的需求定律，在处理单个供给者的行为时，是符合实际情况的：即供给者单方面提高自己商品或服务的定价时，会使得需求者减少对其商品的购买；供给者单方面降低自己商品或服务的定价时，需求者会增加对其商品的购买。但是，当这个定律推广到市场整体时，则与商品的价值是客观的这一定律相矛盾，商品的价格并非是简单的由供给者人为确定的，供给者由于受到同行的竞争，他并不能随意提高价格，商品的价格由需求者赋予的价值所决定，需求者赋予商品的价值高低，则由需求者获取商品所耗费的时间决定。

价格的变化取决于需求者对于商品价值的判断，市场上商品价格的变化往往是出现某种原因，如自然灾害导致粮食减产，工厂火灾事故导致停产等，使得市场上的这一类商品变得稀缺，需求者不得不花费更多时间，到其他渠道或途径寻找该种商品，于是该种商品的价值升高，这表明需求者给出的价值判断更高，即愿意以更高的价格购买这个商品，这导致市场中该商品的价格上升。需求曲线中的描述并不正确，价格升高并不是导致需求降低的原因，是商品的稀缺导致需求者花费更多的时间获得商品，使得需求者对商品价值的判定提高，价值的抬升才是价格升高的原因。

供给与需求现象背后的人，并不是均一的无差别的，社会上的消费者其消费能力和消费意愿是不同的，对于不同的消费者而言，商品价格对他们的影响力是不同的。一些对价格敏感的人才会在商品价格变动时增加或减少该商品的消费数量，而另外一些对价格不敏感的消费者，则不会跟随价格变化增减消费数量，因此，并不存在确定的、唯一的均衡价格。

当我们把一群人的消费能力作为横坐标，把他们的消费意愿（需求）作为纵坐标，人们对某个商品的需求和消费能力之间的曲线是一个近似梯形的曲线（见下图），两端都是消费意愿比较小的人群，位于曲线的最左端的人群由于消费能力低下，因此，消费意愿也很低。随着消费能力的提高，左侧出现一个斜线，这些人群有

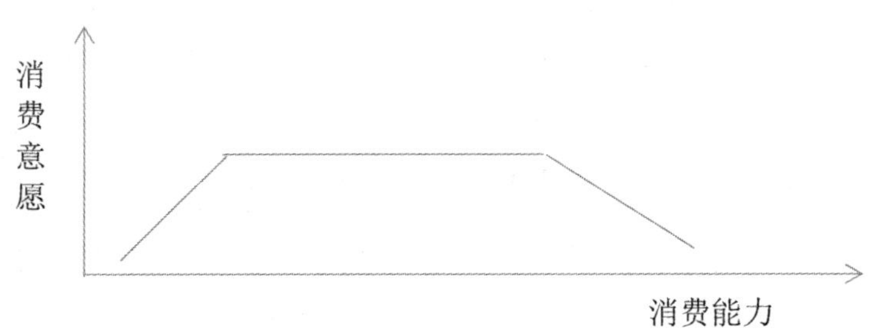

一定的消费能力，且消费意愿逐渐升高，这群人是偶然性消费者。消费能力继续提高后，消费人群的消费意愿区域稳定，在这里形成了梯形的上边，这群人是习惯性消费者，他们对价格变动不甚敏感，消费意愿比较稳定。当人群的消费能力进一步提高后，对此类商品的消费意愿反而降低，他们更趋于享用更加高端的商品，也算是偶然性消费者。这就是消费意愿—能力曲线。

梯形的左顶点是对应着商品的常规价格。当价格升高时，这个梯形曲线向右移动，左侧低消费能力的一部分人群由习惯性消费者变为偶然性消费者，右侧高消费能力的一部分人由偶然性消费者变为习惯性消费者；当价格降低时，这个梯形曲线向左移动，左侧低消费能力的一部分人群由偶然性消费者变为习惯性消费者，右侧高消费能力的一部分人由习惯性消费者变为偶然性消费者。

我们可以观察到，当消费者大多集中在左侧斜线所代表的消费能力人群时，通过改进工具、改进组织结构，来提高生产效率，从而降低商品成本，进而降低商品售价，这样大量的偶然性消费者变为习惯性消费者，市场上的消费总量也大大增加。

17.13　水钻悖论和边际理论

关于水钻悖论，古典经济理论并没能给出很好的解释，现代经济学家给出了所谓“边际”理论，或者边际收益，指的是消费者从单位新增商品或服务中得到的效用（满意度或收益）。这个概念是从19世纪的经济学家们解决价格的基本经济意义发展而来。奥地利学派的弗里德里希 · 冯 · 维塞尔定义了这个术语。这些微小调整所带来的成本和收益分别被称为“边际成本”和“边际收益”。经济学所要关注的问题，通常不是极端的非此即彼，而是“多一点”还是“少一点”的比较，也就是对“边际成本”和“边际收益”的权衡。

现代经济学从“边际”的概念入手，认为“水与钻石的悖论”这个问题则很容易回答。这是因为，物品的价值是由它带给人的边际效用决定的——虽然水很重要，但是由于它很多，因此在边际上多一滴、少一滴对效用的影响不大；而钻石虽然无关紧要，但由于它很稀少，因此在边际上多一颗、少一颗对效用的影响很大。正是由于这个原因，钻石的价值要远远高于水。经济学家们认为“边际”概念的引入破解了经济史上的一个著名难题——水和钻石的悖论。

边际理论中“边际成本”和“边际收益”的观点，并不比古典经济学更高明，“边际效用”是现象而非问题的本质，它同样是典型地从经济学家的角度看问题所引出的概念，却没有站在交换者的角度看问题。钻石之所以珍贵，并不是由于“边际成本”和“边际收益”，而是因为它具有稀有性和展示性，人们赋予了它某种意义。拥有钻石可以提高一个人在社会或族群中的地位、排序，人们把钻石镶嵌在王冠、戒指、项链和权杖上，是为了显示自身的价值，这也使钻石代表了较高的价值。在中国广东也有商人出数万元的高价格购买荔枝古树上的第一串成熟的荔枝果实，这也是因为当人们赋予了某些看似寻常的物品以一定意义之后，使用或拥有这些具有某种意义的物品可以体现持有者自身的价值，这也使它们的价格或价值变得很高。站在经济学家或第三人的角度看，他的交换也许是不恰当的，也可能像亚当·斯密那样认为水有很多用途，而钻石却没有太多用途。但是，这都是基于经济学家或第三人自己的需求所作出的价值判断，而不是交换双方根据他们的需求作出的价值判断。由于价值具有主观性，所以，拆分价值为交换价值和使用价值，或者使用“边际成本”和“边际收益”来解释，都是经济学家寻找普遍性的价值判断规律时出现的错误。

水和钻石哪一个可以更多地提高持有人的社会地位或在人群中的排序，那么这件物品就具有更高的价值。在繁华的市场中，持有一瓶水是一件很普通的事，并不能使持有者的社会地位获得提升，持有一颗钻石则能提高持有者的社会地位。而在沙漠中断水的人群中，一瓶水的价值则高于钻石。水或钻石哪一个更具有价值完全取决于谁更能提升持有者的社会地位，换句话说，哪一个被需求得更迫切，哪一个就具备更大的价值。

那么如何解释通常情况下人们愿意付出更多的钱购买用途极少的钻石，而不是用途广泛又非常重要的水，即水钻悖论呢？我们可以从“累赘理论”中获得合理解释。

很显然，水在绝大多数地方并不具备稀有性和展示性，拥有满足生活所需要的水是大多数人都能够做得到的事情，因此，拥有足够的水，不能证明某一男性具有超越他人的优秀能力（基因），即拥有水的能力，并不能提高这个男性在人群中的排序，而获得女性的青睐。

钻石的稀缺性使得人们不得不花费大量的时间去寻找，抑或是花费大量的金钱雇佣他人去寻找，因此，能够拥有钻石可以证明某一男性具有超越他人的优秀能力。而钻石的闪耀夺目，又具备了展示性。钻石具备的稀缺性和展示性这两个特性，使其价值获得大多数人的认可。拥有钻石的人，通过展示钻石，向外界传达的一个信息是，他的能力很强以致可以拥有极其稀有的钻石，而获得普普通通不那么稀有的水更是不在话下。由此可知，他拥有超越其他男性的优秀能力，可以肩负起养育子女保护家庭的责任，是一个良好的婚配对象。正是因为钻石所具有的象征意义，所以我们可以看到并无太多使用功能的小小的钻石价值高昂，而水的价格却很低廉。

17.14 “边际理论”和“竞赛理论”

我们知道最初的市场是用于解决行动阶层的人们竞争婚配资源的，人们拿出自己的物品向女性们展示，假如两个男性其他条件都相同，仅仅因为其中一个男性持有了一件更为罕见的物品，如一枚钻石，于是婚配的天平就倾向于他，这个更为罕见的物品，被经济学家们称为“边际效用”更大的物品。这个过程与其说是一次“边际效用”的展现，倒不如说是一个竞赛过程更为准确，就好像在体育比赛中，短跑冠军仅仅比第二名少用了0.1秒，跳高冠军仅仅比第二名多跳了1厘米，就得到了金牌，以及远远超过第二名的巨大的荣誉和利益。人们之间的相互竞争，胜利与失败的差距往往只是在毫厘之间，但是，其后的收益差距却是巨大而显著的。

在市场竞争中同样存在“边际效用”，一个畅销产品与一个滞销产品，尽管其主要功能都是类似的，但是仅仅因为在某一个或某几个细节的不同，一种产品就赢得了消费者的青睐，获得了巨大的利益，另一个产品就在竞争中失败，甚至可能让生产者血本无归。

在现代市场中，人们的交换行为仍然是一个竞争的过程，不仅仅是交换双方之间讨价还价的竞争，还是多个买方和多个卖方之间的交易对手的争夺，这些交换双方本质上互为消费者。当一个消费者比其他消费者以更低的价格买到了商品或服务，这会给他带来更高的满意度或收益，当一个商品提供者击败其他提供者售出商品或服务，这同样会给他带来更高的满意度或收益。这些竞争过程大多类似体育竞赛，胜利者仅仅拥有微小的优势，即经济学家们所察觉到的边际上的微小改变，而获得胜利，这会给获胜者带来更高的满意度或巨大的收益。因此，所谓“边际效应”只是表象，其本质是竞赛现象。

17.15　信息不对等决定交换的成功

某一物品的稀缺程度、需求程度的信息，在交换双方心里是不同的，也就是说相同物品或技艺，其价值取决于不同的人心目中的稀缺度信息。如，欧洲人用一个玻璃球与印第安酋长交换得到了曼哈顿岛，在欧洲人心目中玻璃球的稀缺度几乎是零，在印第安酋长心目中认为玻璃球是稀缺的，曼哈顿岛只是一个不毛之地，没有什么价值，于是他们进行了交换。这个极端的例子表明，只有信息不对等，交易才能达成，如果信息对等则交易无法完成，只有每个交易者都认为自己得到的更稀缺，而付出的不那么稀缺，这样双方都获得自己认可的代价和收益，从而达成交换。

由于信息的不对等，因此，每个人对于同一物品的价值判断是不同的。虽然，需求者力图使该物品的价值中枢下移，但是较多的需求者会使商品供给者感受到有很多的需求量信息，于是供给者就会上涨价格。同样，供给者力图使该物品的价值中枢上移，但是较多的供给者会使商品需求者感受到有很多的供给量信息和较少的需求量信息，于是供给者就会降低价格。

17.16 货币的本质

在“国家族群的类人化运行机制”一节中，我们认为国家、族群等社会组织构成的类生物体，如同真正的动物体的细胞通过一种或多种交换体系与其他细胞进行物质与信息交换一样，人类社会的个体人与个体人之间，组织与组织之间，以及个体人与组织之间同样都在进行物质与信息交换。其中，通过经济系统（或称为市场交换系统）是物质与信息交换的主要方式之一，通过交换物品和服务等行为，维持组织的存在和个体人的生存，在经济系统（或称为市场交换系统）中，组织与个体人自行完成自然赋予的所有自然和社会功能。

随着人类社会组织的分化，社会分工也日益复杂，这就使得人与人之间的交换日趋增多。古代人们的日常交换也极为频繁，最初的交换，都是以物易物，双方对货物的数量和种类需求经常存在差异，也就是所谓的需求错位。如，某甲要用一头牛交换某乙的10只羊，双方虽然都认为这是个好的交换，但是某乙只有8只羊，这使得双方无法达成交易。由于物物交换的不便，人们不得不找到一个中间替代物或媒介物，以使交易顺利完成。这个替代物或媒介物必须具有通用性、结算便利性和不易损毁性。通用性是指在这个群体中的大多数交易者或最大交易者都需要这个物品，这可以使媒介物的持有者方便交换他需要的其他物品。而结算便利性则可以方便人们计算各种物品的比价。不易损毁性是指在延迟交换过程中不易损坏灭失。这个交换过程中的媒介物就被称为货币，曾经有很多物品充当过媒介物，如绢、粮食、鸦片等。

有人认为货币是一般等价物，也是交换的媒介物，也有人认为货币是信用欠条，但是，货币的本质是什么呢？给出货币（欠条）的人可以获得接受货币（欠条）人的一些物品或服务，这就是货币在市场中的直接作用，由此可知，货币的本质就是权利信息的载体。货币也是市场交换过程中的主要信息载体之一，其携带的信息是持有人可以凭借一定量的货币取得他需要的物品或服务，抑或是货币持有人对货币接收人的服务时间的控制权利。例如，一个每小时工资5美元的人，用5美元购买了一只汉堡，其经济学含义就是他愿意用服务一小时的代价，来交换对方为他制作一个汉堡的服务。持有很多货币（欠条）的人拥有获取很多物品或很多服务的权利，例如，一元钱的货币其携带的信息也许是可以是一支笔、一叠纸、一瓶水等，而十元货币其携带的信息不仅仅包括一元货币所携带的信息，也许还能购买三只苹果、一只冰激凌、剪一次头发等。不同国家的货币由于其所携带权利信息量的不同，因此表现出来的比值（或汇率）不同。一个国家其产出物品和服务较少时，其货币携带的信息量就偏少，兑换产出丰富产品的国家的货币时，就会出现折价兑换的现象。例如黑市交换货币的币值就是这一现象的直接反映。

货币流通就是权利信息流通，货币携带的权利信息指挥着人员和物品的流动，货币的流通遵从经济学规律也遵守自然规律，总是流向最能够发挥其效率的人和区域。一种物品是否能够成为货币，与其被赋予的信息，以及能够被接收的信息有关系。

由于货币只是权利信息载体，因此，自古至今我们可以看到货币的物理形态多种多样，有石质的、有金属的、有纸质的，也有物物交换时的所谓一般等价物，如布匹、小麦甚至是鸦片，近年来的数字货币甚至抛弃了物理形态。货币载有的信息具有其权利特性，因此，货币的发行，一般为一个国家或族群的指挥阶层掌握，指挥阶层赋予货币以基本信息，如可以用他们发行的货币缴纳税赋。货币的流动方式和趋向会受到指挥阶层的干预而变化，但是，必须符合经济规律的大趋势并且不会轻易改变。

一个社会的组织化程度越高，其社会分工就越细，人们之间的交换就愈加频繁，作为驱动人们进行交换的信息载体的货币就越丰富，这个社会就愈加富裕。

17.17　货币的产生与信用货币竞争

金银两种金属，由于熔点低易加工，而且具备了稀有性和展示性两个特点，深受古代人们的喜爱，因此就具备了通用性。金银易于衡量、分割、价值高，这些特点使其自然而然地成为交易的媒介物，古代大多数国家的帝王贵族都喜爱金银物品。此外，金银具有体积小、易于远距离携带的特点，所以，当国际贸易兴起时，金银便成了古代的国际通用货币。

由于其稀有性和展示性，很多金银货币可能会退出流通，而被人们保存或收藏，随着人类社会的发展，人们交易的频繁程度大大增加，金银货币的总量逐渐不能满足交易的需要。人们要完成交易，则需要另外寻找交易媒介物。

在前面的例子中，如果某乙希望延期交付两只羊，写下欠条，并加赠2只鸡，这就产生了信用问题，如果某甲认为某乙的信用很好，同意延期交付，这样某乙就用一张欠条和8只羊，交换得到了某甲的一头牛。欠条在这里扮演了延迟交付的信用凭证的作用。在交换中，每一个交易者都有可能给出欠条，那么谁的信用好，谁的欠条就被接受，谁的信用不好，谁的欠条就被拒绝。某乙的信用好，他的2只羊的欠条，若干天后，被某甲用其换回了某丙的1头猪，某丙则用欠条要求某乙交付2只羊。以此看来信用好的交易者给出的欠条，甚至可能被在另一次交易中使用，这时的欠条就是信用货币——纸币的前身。

最早的纸币诞生在北宋时代的四川。因为四川的地理位置远离中原，从而幸运地躲过了隋唐战乱，到北宋时期，四川经济独立，物产丰富，贸易繁荣，被称为天府之国。但四川因缺铜而依赖铁钱，而铁钱价值低、携带不便的缺点日渐凸显。对此，当时的史料有不少记载，主妇到集市买菜、买盐往往需要携带很多铁钱，“小钱每十贯重六十五斤，折大钱一贯，重十二斤，街市买卖，至三、五贯文，即难以携持”（一贯在宋代等于 770 文）“尝使蜀，见所用铁钱至轻，市罗一匹，为钱二万”等记载比比皆是。

最终，四川茶叶和马匹等贸易的发达以及铁钱的笨重，导致交子产生，以便贸易。公元1000年左右，“蜀人以铁钱重，私为券，谓之交子”，四川地区一些商户开始印制发行名为“交子”的纸币，即信用货币。客户存放在商户处一定量的铁钱，兑换相应数量的“交子”，客户可以使用“交子”买卖其他商品，也可以到商户处兑换回铁钱。商户们发行“交子”也有相互竞争，只有那些信用好、预期稳定的商户们的“交子”，容易被顾客所接受。由于商户们信用程度不同，商户与客户的纠纷时有发生，且发行“交子”有利可图，于是当地府衙也介入“交子”的发行，到公元1023年，宋仁宗就把这一纸币发行权收归政府独有，这是最初的法定纸币。

各种形式的货币，以及各种类型的人或组织发行的信用货币，都存在货币竞争，铁币因为携带不便，败给了纸币“交子”，“交子”因其滥发丧失信用，而让位于金银货币，进入现代社会商品物流快速发展，因金银货币产量和交换便利性不足，再一次让位于信用货币—纸币，在现今的互联网时代，纸币也面临数字货币的竞争，这就是货币形式的竞争。

信用货币发行者之间也一直存在竞争。一般来讲，在一个群体中交易频次最多的交易者，他的欠条（信用货币）最容易被接受，因为他的欠条包含的信用度最高，可交换物品的信息最多，交易者知道从他那里获得自己需要的物品的可能性最大。在一个组织或群体中，指挥阶层的最高指挥者往往是最大交易者，如一个王国的帝王，他及其统治组织基本上要和王国中的每一个人交易，比如收税和要求他们服徭役、兵役。他发出的信用货币信用度不一定最高，其货币可交换的物品或服务信息也不一定最多，但由于信用货币可以给帝王及其统治组织带来无成本的“铸币税”，因此，帝王和统治组织往往使用暴力迫使人人接收其信用货币，这时就产生了国家法定信用货币——法币，这个信用货币携带了信用和交换量的信息。如果帝王们随意印刷法币，就会降低这个信用货币携带的信用和交换量信息，这就是货币贬值。

欠条是一个物品指向性明确的信用凭证，而信用货币则是指向性不明确的具有交换量和信用信息的符号。帝王、发行者用自己的信用和暴力做背书，发行信用货币，充当交易媒介物。人们就可以使用信用货币交易各种物品，其信用底线是至少可以用这些信用货币来缴税。如果信用货币不足以承载基本的信用时，人们就会返回来使用实物货币。

不同国家发行的法币之间，同样存在竞争关系，其法币携带的信用和交换量信息的多寡，决定了其被接受的程度，自由汇率就是其标志。某一种法币其汇率升高就表明其携带的信用和交换量信息相对其他货币提高了。

17.18 利息和利率的本质

利息(Interest)是资金所有者借出资金，并从借贷者那里取得的报酬，利息与本金和出借时间的比例关系被称为利率。利率本质上是人们对借贷人信用度的一种衡量，抑或是对借出资金、资产灭失概率的一种评估：借贷人信用度越高，即借出资产灭失概率越低，这时出借人就可能会接受较低利率；而当借贷人信用度很低，借出资产灭失概率很大时，出借人就会要求高昂的利率，如高利贷。

利率常分为自然利率和指挥阶层制定的控制利率，自然利率常常高于控制利率，这是因为自然利率中包含了通货膨胀损失。一个经济体自然利率水平的高低常常反映了其整体的信用度，当一个经济体中的经济组织，如家庭、企业和公司具有很高的经营失败概率时，其自然利率水平就会很高。指挥阶层常常为了达到某些目的制定控制利率，由于指挥阶层控制了货币的发行，其制定的控制利率基本上是这个国家或社会的基础利率。

货币持有人自己持有货币时，同样存在灭失风险，如失窃、意外事故、投资损失等。货币持有人将货币出借给他人，他们所获得的利息收益，可以被认为是避免了自己持有货币可能遭受的损失风险，即货币持有人通过判断借入方信用度或资产灭失概率制定借出利率。当出借到期后，货币借出人顺利收回了本金和利息，其所获收益与其自身持有货币时货币发生灭失的概率相当。货币使用权的交换与普通物品交换遵守同样的法则。

17.19 利润、亏损与成本

利润这个概念，广义上讲，来源于最原始的状态就是能量的盈余。例如，非洲大草原的狮子追逐猎物，捕获的猎物所带来的能量如果大于狩猎所付出的能量，则可认为狮子获得了能量盈余，有了这些能量盈余狮子可以生长得更加健壮。狩猎所付出的能量，则可认为是狮子的成本，如果狮子获得较大的能量盈余，它还可以获得繁育后代的能力，反之，则会丧失生命。以较小的付出获得较大的收获，这是生物生存的基本法则之一。

利润的概念延伸到原始人男性在原始市场交换婚配所需物品时，同样希望以较小的付出获得较大的收获，他们总是希望自己最早获得婚配女性要求的全部物品，却并不希望潜在的竞争对手先于自己获得女性要求的全部物品。他们往往希望用自己认为较常见的、不具有稀缺性的物品，也就是所谓低价值的物品，换取对方拥有而自己缺少的物品，或称之为高价值物品。对交换对手的揣测，以及对市场上同类物品多寡的信息掌握成为交换的技巧，交换技巧高超的原始人可以通过交换获取较他人多的高价值物品，从而抬高自己在求偶市场中的优势。形象地说，即男女在求偶市场中各排一队，具有更多优势的人可以排在前列，先行挑选配偶；人们在交换中，使自己获取更多优势，排位更加靠前，就是获取了利润的交换。造成排位落后的交换就是亏损的交换，不做交换时所处的排位就是成本。交换往往不是零和的，在某一个交换链中，每一个参与交换的人，可能其排位都获得提升，即都获得了利润，其他没有参与交换的人，其排位被动落后，他们可以被看作是亏损承担者。这就是为什么人们并不痛恨远方的世界首富，却对身边的暴发户深恶痛绝的原因。作为这些通过交换获得婚配优势的做法，就是人类利润的起源。

一个人或组织向这个市场中供给物品或服务，则必须满足他人对物品或服务的需求，这个人或组织会不断设法对物品或服务进行效能改进或信息修饰，使之具有区别于其他人的物品或服务，并显示出高价值的特点，以吸引消费者的购买。收取了媒介物，但是有可能延迟拿走需求品，在延迟交易的模式下，媒介物是否能交换到自己的需求就存在不确定性，为了弥补不确定性所带来的风险，人们就会在交换中谋求换取超额的媒介物。由于对交易信息掌控程度的不同，交换双方对这个不确定性所带来的风险程度的判断是不同的，因此他们在交换中谋求的媒介物数量就存在不同，不确定性高的媒介物比不确定性低的媒介物需要付出更多，因此我们能够看到信用度好的货币对信用度差的货币有高的兑换率。

当出现交换的媒介物——货币，以及交换的媒介人——商人后，货币和商人的出现解决了需求错位的问题，但是，却使得交易延迟更加广泛，供给与需求完全分离了。这时会出现一些人并没有明确的物品或服务需求，他们向市场供给物品或服务，收取回报货币，其需求似乎仅仅是货币盈余，而提供物品或服务所消耗的资源和时间，折合成为货币的额度，这就是他们的成本。从市场中收回高于成本的部分货币被称作货币盈余，货币盈余可以实现他们不确定的各项需求。当成本高于他们获得的回报货币时，他们的交换活动可看作是亏损的。

17.20 财富的本质

财富的本质是一个人社会位置的标志，尤其是我们了解了价值的本源是女性判断男性持有的某些物品或技能是否对养育、繁育后代有意义之后。如果一个男性，他获得某些物品或技能被女性判断为对繁育后代有积极意义，那么他的社会位置就会被排到前列，他就是有价值或者说他是有财富的人；反之，他的社会位置就会被排到后面，他就是一个低价值的、没有财富的穷人。这与他拥有其他什么物品和技能没有紧密关系。因此，也可以说财富是指一个人获取特定物品的能力。

在古代，尤其是农耕国家，由于生产力低下，各种物质都比较匮乏，大部分的物质都是由依靠土地产出的，如粮食、棉花和肉类等，因此，拥有土地就被视为拥有财富。这是因为农耕国家的土地是制约人们获取财富的主要条件，在劳动生产率低下的时代，单位耕地上的产出是有上限的，因此财富的多少，由耕地数量控制。与此同时，同样数量的土地，不同的农夫谁耕作得更加细致，付出的劳动更多，他就会得到更多收获，也就是获得的财富越多，这会使人们产生一种错觉，认为财富源于劳动，财富的数量受制于某些物质条件。

在古代以商业为主的城邦国家，人们对于财富的观念则异于农耕社会，如古希腊等商业性的城邦国家，人们的财富主要来源于手工业和市场交换，制约财富实现的因素是能否自由、平等地交换。人们认为财富取决于知识、文化和技能，财富的数量并非受限于某些物质条件。

由于代表财富的物品只是人们的一种偏好，那么，通过事件和有影响力的人可以转移这些偏好，使原本不能代表财富的一些物品，具备了价值，例如在中世纪，白金不具备贵金属的价值，当时的不法商人将白金掺入黄金，冒充黄金，西班牙国王就命令将收缴的白金，悉数投入大海，以杜绝人们将其掺入黄金。多年后，人们发现了白金也具有稀缺性和展示性等特点，于是白金也成为贵金属，甚至一度其价格高于黄金。

当代表财富的一类物品被大批量、大规模生产出来后，它就丧失了代表财富的作用，比如金属铝和珍珠。19世纪一串大型珍珠可以换取纽约的一套房产，随着捕捞和养殖珍珠技术的提升，大型珍珠和各种色彩的珍珠越来越多，珍珠就逐渐降低了其稀缺性，珍珠的展示性和炫耀性大大降低，在人们心目中珍珠的价值就大大降低。与之类似的金属铝也是如此：刚刚被发现时，金属铝一度也很难制备出来，其价格极其昂贵，当科技进步后，可以用电解的方法制备金属铝后，铝成为非常普通的一种金属，其所代表的财富值就大大降低了。

17.21 社会财富受农民人口决定

在自然界中，很多动物要花费大量的时间觅食，等级较低的动物用于觅食的时间长于等级较高的动物，比如，草食动物每天要花费十几个小时觅食，而社会性动物狮子却有很多时间用于休息。在人类社会中，人们的富裕程度与其用于获取食物的时间长短直接相关，获得温饱所花费的时间越短的人越富裕，获得温饱所需的时间越长的人越贫穷。社会财富则由生产粮食等生活必需品的农民人口数量所决定，换句话说，在社会中，一个农民可以养活的人口数量，就标志着整个社会的富裕程度。假如某个国家的一个农民仅仅可以为3个人提供食物，那么这个国家可能是贫困的国家，人人都忙于生产食物，而不会分流出大量的人员从事商业和工业生产活动，同样也不会出现细致有效的分工，人们生活在温饱线上。当某个国家的一个农民可以养活100个人，那么这个国家可能是富裕的国家，人们不再花费大量时间忙于生产食物，会分流出大量的人员从事金融、商业和工业等生产活动，他们会去制造更加耗费能源的物品，如汽车等，人们会出现极为细致的分工，人们的生活相对富裕。在富裕社会中，由于存在细致的分工，人们必须进行频繁交换，因此，富裕国家人们的交换物品和意识的频率远远高于贫穷国家人们的交换频率。

17.22 个体富裕或贫穷的本质

富裕与贫穷的本质是人们在社会中的排序位置的高低。简单地说，排序位置高的人比排序位置低的人富裕，富裕与贫穷是人们经过比较之后得出的主观感受，是一个相对的概念。在一个国家或社会里被认为是贫穷的人，在另一个国家或社会里也许会被认为是富裕的人；一个国家、社会或不同的时间段里被认为是富裕的人，在另一个国家、社会或时间段里也许会被认为是贫穷的人，这与其掌握的工具或加入的团队的总和效率有关。很多发达国家的穷人，来到落后国家却被认为是富人，现代社会的穷人，其饮食衣物也可能会远远高于古代的富人。一般来说，获得温饱所花费的时间越短的人越富裕，获得温饱所需的时间越长的人越贫穷。富裕与贫穷本质的区别是劳动效率高与低的问题，一个人必须花费大量的劳动时间才能满足自己的温饱时，他就没有更多的取悦配偶的时间，此时，他就会被女性认为是难以养育子女家庭的人，因而是贫穷的。

很多人认为一个人的财富是指他拥有的物品数量，但是，通过考察富人与穷人的不同，我们可以发现富人与他人的物质交换频次或意识交换频次远远多于穷人，即劳动效率高于穷人。一个人如果拥有物品，却无人与其交换，或不被允许与他人交换，这时由于他交换频次极低，因此，他是贫穷的。例如，山区的农民拥有很多果树，树上果实累累，但是由于山路崎岖，没有商人愿意进山采购，他也无法将水果全部运出山外，只能依靠自己用人力少量地背出大山，这时，虽然他拥有很多物品，但是由于交换频次很低，所以，他处于贫困状态。

如果有人修好了山路，山外的商人可以驱车直接开到他的果园，他的果实可以顺利卖出，这时的交换频次大大增加，他就会变得富裕起来。人们在实践过程中，早就认识到了这一点，例如“要想富，先修路”等等。而世界上最为富裕的城市多处于港口或交通枢纽的位置。

拥有物质并不是财富的根本，交易频次即效率才是决定财富的主要因素。只有被他人需要，他人才会与你进行交易，这样才能提高自己的交易频度，所以，财富只是反映了人们内心的喜好罢了，而不是你多我少的零和游戏。

17.23　平均贫富无法实现

在前面的章节已经说明，财富的本质是一个人社会位置的标志，财富是一种获取某种物品的能力。人们获得财富的途径有两条，一个是指挥阶层通过权力获得，一个是行动阶层通过交换获得。财富的多寡表达了社会成员在组织和社会中所处的等级位置，那些拥有巨大财富的人，他们用一些特定物品（财产）来显示其在社会中的位置，如开豪车、住豪宅、使用奢侈品、使用大量的警卫保安等等，这都是为了表达其在社会中所处的等级位置。

在古代的农耕国家，由于拥有了土地即拥有了财富，因此，处于行动阶层的人就会出现均分土地、并达到均贫富的思维。但是在前面说过，拥有物质并不是财富的根本，交易频次即效率才是决定财富的主要因素，如果仅仅只是将物质平分，那么在随后的交易过程中，物质仍然会快速地从一些人手中流失。如果是指挥阶层意图达到均贫富的目的，则必然会采取措施控制交易频次，阻止物质在市场交换过程中的再分配。通过均贫富并不能达到平均社会排序的目的，也仅仅只是调整一些人在组织和社会中所处的排序位置，其他人的等级位置依然存在。由于人与人之间的竞争是无法消除的，只要人类处于社会化、组织化状态，人们必然要争夺在组织和社会中的排序位置，这些排序位置，决定了他们获取资源的先后顺序，必然造成一定的获取利益和资源的差别，这就是贫富的差别。

强制性的平均财产就是使一些人在社会排序上趋同，这改变或破坏现有的竞争机制，从而造成社会的组织结构或排序被完全破坏。尤其是市场组织的破坏，会导致人们的组织化降低，劳动效率急剧降低，人们之间的交换陷于停滞状态，交换规模急剧降低，从而造成整个社会的财富急剧减少。由于平均财产只是将物质平分，却无法消除人们的竞争，也无法消除人们寻求在组织和社会中更高的排序位置的要求，因此，必然会有新的竞争机制出现。随着新的竞争机制出现，平分的物质又会按照排序位置再次进行分配，从而，我们会看到古代中国经常发生朝代更迭的战争，这些战争往往由均贫富、耕者有其田等作为起始的口号和目标，贫苦农民杀死那些占有大量耕地的贵族和地主，而新的朝代又会出现新的贵族和新的地主，贫苦农民仍回归到贫困状态。

此外强制性的平均财产还损害了女性择偶的选择权，这是由于财富只是人们的一种感觉判断，富人们拥有的大多数物品其作用仅仅是显示其社会地位或位置排序而已。将物品平均分配给每一个人，只会打乱人们在社会中的位置排序，但是，作为社会性生物的人类，立刻就会寻找新的位置排序的方法，而女性会立刻找出其他具有差异性的物品或能力或权力，并赋予其价值，拥有这些物品、能力或权力的男性，就是新一代的富人。强制性的平均财富违背了自然选择的规律，违背了人类的进化要求。

17.24 腐败与社会崩塌

人们常常认为金钱与腐败是直接相关的，一个人非法占有或者挥霍金钱就是腐败。但是从自然经济学角度看并非如此，腐败是指一个人占有了他所不应该占有的资源，抑或是说他占据了他不应该占据的社会排序位置。所谓不应该占有的资源，是指按照市场竞争的原则，这个人相较于他人并不能够高效利用自己所掌握的资源，按照自然法则，他应该丧失其所持有的资源，或者是并不应该占有较多的资源，但是他通过限制市场竞争的方式，来保有或占有这些资源，这就是经济学意义的腐败。

从社会分工的角度看，人们在社会中的位置排序，第一是通过暴力达成的位置排序，第二是通过市场交换达成的社会位置排序。通过暴力达成的位置排序，即指挥阶层的排序，第一代是通过暴力争斗达成的位置排序，当统治者采用血亲继承，把其位置传递给第二代乃至第三代等等子孙时，就会出现继任者的能力与其社会位置和控制的资源不相符合的情况。如果政治体制无法解决这个问题，这就是经济学意义上的腐败，这也是封建社会腐败的根源。

中国古代的封建王朝，虽然无法解决最高统治者的人选问题，但是，通过举孝廉、科举和宰相等制度，选择行动阶层中的优秀人才进入指挥阶层，将指挥阶层中的部分不称职人员替代下来，通过更新统治团队来协助皇帝治理国家。这个措施不能完美地解决统治团队中不称职人员的退出问题，因此，统治团队必然日益庞大，社会腐败的速度只能减缓，却无法消除。当一个优秀的人受限于当时的指挥阶层制定的竞争机制，而无法争取到与其能力相适应的财富与社会排序位置时，这种情况也属于腐败的一种。这时候他们会试图改变或破坏现有的竞争机制，比较极端的情况是构建自己的组织暴力对抗指挥阶层，比较常见的情况是违反或破坏指挥阶层推行的法律法规。例如，一个人通过皇帝的任命得到了一个指挥阶层的社会位置，即通过暴力得到了一个位置，但是，并不能与其能力相适应，皇帝给予的资源也不能使其得到满足，即没有得到相对应的经济位置。这时，他就会违反或破坏皇帝推行的法律法规，即利用职权进行贪污，利用其位置获取更多的经济利益。另一个例子是，一个人意图谋取一个较高的社会位置，当通过正常渠道无法实现时，他就会使用非法的手段，比如行贿的手段来获取相应的社会位置。

中国古代无法杜绝的官僚腐败问题，就是源于皇帝等最高统治者其能力与其社会位置不相符合，而其推行的制度，又是为了维护这个血亲继承。因此，当能力不足的统治者，既无法满足指挥阶层团队中成员的需求，又无法吸收行动阶层中的优秀者时，指挥阶层就无法维持社会的秩序，制度、法律、法规就会被破坏，指挥阶层的组织就会溃败，而整个社会呈现崩塌的状态。一旦出现外患，改朝换代就成为必然。

第七篇　市场与组织

如果把市场看作是一个草原，则组织就是游弋在草原之上的动物，消费者们的需求就是郁郁葱葱的青草。组织要满足消费者的需求，才能够生存。市场上有各种各样的组织，其中最大的、最强有力的组织是政府，政府可以摧毁其他组织，甚至可以摧毁部分的需求，摧毁有形的市场，但是它不能消灭交换，因为人与人之间的交换是永恒的。

第十八章　市场运行的基本规律

社会中所有的个体、组织、团体都会参与到交换中，他们都会给交换施加影响，以求使资源向自己的组织或个人流动。政府作为最大的组织也必然希望资源向自己的组织或个人流动，或是向着对自己最有利的方向流动。政府组织的影响力最大，它掌控着社会的显性控制系统，以至于政府对市场的作用被誉为“有形的手”，而其他人或组织对于市场的影响被合称为“无形的手”。

在市场中存在着四种要素：供给、需求、信用和信息，这四种要素的组合决定着市场的走向，整个社会中的所有个人与组织都在参与市场交换活动，向市场中发送信息，并输出物品与服务，获得所需的物品与服务，以及为了保证交换的有序进行而提供信用。

18.1　信用与市场

信用是市场运行的基础之一，信用是经济体的黏合剂，或者说是经济运行的润滑剂。如果每个市场参与人或组织都完全有信用，则这个市场是最高效率的，其交易成本为最低，如果每个市场参与人或组织都完全无信用，则这个市场是最低效率的，即交易成本为最高。最高效率的市场会导致整个社会的效率最高，整个社会呈现高速发展和强有力的状态，最低效率的市场会导致整个社会的效率最低，社会组织的个体之间呈现相互不信任的状态，即陷入“塔西佗陷阱”，社会的指挥阶层无法有效指挥行动阶层，行动阶层的相互不信任造成经济组织瓦解。低信用甚至会使社会崩溃或与外族竞争失败被消灭。

对于每个市场参与人或组织来讲，有信用与无信用则要看对他们是有利还是有害，如果有信用会使其在竞争中获利，他们会要求交换的对方有信用；

如果有信用可能会使其在竞争中遭受重大损失，在没有外力约束的情况下，他们则可能会选择无信用。如指挥阶层没有外力约束时，也可能会选择无信用，指挥阶层是依赖信用和利益指挥行动阶层的，无信用对其指挥效率的损害非常大。整个社会最终的信用保障是来源于指挥阶层的暴力约束，指挥阶层为了保持社会的发展和合理配置市场资源，利用法律和道德作为市场的外部约束，意图加大个体无信用时的利益损失，以使其在大部分市场交换时保持信用。

例如，1950年，由就职于兰德公司的梅里尔·弗勒德（Merrill Flood）和梅尔文·德雷希尔（Melvin Dresher）拟定出相关困境的理论，后来由顾问艾伯特·塔克（Albert Tucker）以囚徒方式阐述，并命名为“囚徒困境”。经典的囚徒困境如下：

警方逮捕甲、乙两名嫌疑犯，但没有足够证据指控二人入罪。于是警方分开囚禁嫌疑犯，分别和二人见面，并向双方提供以下相同的选择：

若一人认罪并作证检控对方（相关术语称“背叛”对方），而对方保持沉默，此人将即时获释，沉默者将判监10年。

若二人都保持沉默（相关术语称互相“合作”），则二人同样判监1年。

若二人都互相检举（相关术语称互相“背叛”），则二人同样判监8年。

在著名的“囚徒困境”中，如果两个罪犯事先相互约定拒不承认犯罪事实，但是并没有外部约束，很显然，这个例子就回归到典型的“囚徒困境”，如果有两人所属的“帮派”存在，承认罪行的人可能遭受严厉的帮派惩罚，则两人都会遵守事先的约定，而拒不承认罪行。

由于每一个个体或组织都不可能完全有信用，也不可能完全无信用，所以任何一个社会都处于完全有信用和完全无信用之间的某一个点上，如果指挥阶层的法律和道德能够对参与市场的每一个个体或组织都施加有效的外部约束，那么社会就会趋向于更有信用。如果法律和道德不能有效约束某一个个体或组织，即指挥阶层不能或不愿意用暴力约束这个个体或组织的无信用行为，那么这个个体或组织会具备无信用优势，并且一定会因为滥用无信用优势，而获得超额的利益，此即“绝对的权力会导致绝对的腐败”的原因。市场中的其他个体为了获取利益，一定会攀附或模仿这个个体，那么社会就会趋向于低信用状态。当社会信用程度极低时，在市场交换中就会充斥着欺骗和暴力抢夺，市场通过交换和自由竞争来甄别优秀的人的功能就会丧失，从而无法满足社会中人们的需求，这时就会发生社会生产效率急剧降低或社会组织毁灭的极端状况。

指挥阶层纵容的无信用个体或组织，它们可以具备无信用优势，但是，现实中它们并不能无限制地滥用无信用优势，这是因为它会破坏整个市场的信用，进而导致整个交换体系的崩溃，任何一个国家或社会都不会容忍无限制的无信用。因此，被纵容的个体或组织，只是处于更偏向于无信用的某一个点上，当这些被纵容的个体或组织持有一定的资源或服务时，需要其资源或服务的其他市场个体或组织，就会为对方的低信用付费，即加大对方失去信用时的损失，来确保这些被纵容的个体或组织提高信用度。例如腐败行为中的行贿，就是一方额外付费购买对方的服务，通过提高对方的失信损失，即对方失信就会丧失贿金或被告发，来让对方保证信用完成交换。腐败行为可以在一定程度上提高市场交换所需要的信用，所以，在现实生活中，有时人们会认为腐败促进了经济发展。

18.2 政府与市场的关系演变

我们在市场的诞生一节中知道，由行动阶层成员不断地用各种方式竞争资源，而指挥阶层（即政府）认为有益于族群和自身组织的竞争行为被允许，有损族群整体利益和自身组织的竞争方式被禁止，在指挥阶层的控制组织（即政府）和行动阶层的经济组织双方共同作用下，形成了一种指导、规范和约束行动阶层成员获得族群位置排序的一种机制，这就是市场机制。

指挥阶层（即政府）和行动阶层双方对市场的运行机制的运行，既有合作又有矛盾，行动阶层寻找各种方法谋求市场机会获取利益，以求提高自身的族群位置排序，指挥阶层不断制止威胁族群利益和其自身利益的竞争方式、方法。不同的国家其市场运行机制也是千差万别的，恰似不同的人体，有着不同的体内环境，不同的政体和机制对应着管制程度不同的市场机制，虽然很多经济学家推荐自由市场经济，但是并不被政府采纳，就是这个原因。

随着部落的发展，最原始的经济组织——家庭出现了；随着部落的扩大，行动阶层中的一些人开始构建规模更大的由其自身拥有的经济组织，如农庄、作坊、商铺等。更大规模的经济组织具有更加强大的冲击社会秩序的能力，指挥阶层（即政府）也在不断将其控制组织系统化、规模化，强化维持社会秩序的能力，控制组织也随着经济组织规模的扩大而扩大，随着经济组织的复杂而复杂化。如果控制组织没有能力跟随经济组织发展，为了维护自身的控制权力，指挥阶层的控制组织就会限制经济组织的发展。在历史上，一些国家的指挥阶层（即政府）甚至限制大型的经济组织的成立。当行动阶层的能力较大的人，不能通过建立、发展其经济组织而获得更高的社会位置排序时，他就不得不谋求进入控制组织。当经济组织受到政府限制无法大型化时，这些经济组织就无法运用大型的工具，即便是存在这样的工具，他们也难以运用这个工具来提高社会生产效率。因此，社会结构和分工的发展就会停滞，社会进步就会停滞。强大的经济组织是社会组织的支撑，经济组织不够强大时，社会组织也很难强大起来。

在之前的章节中，我们知道指挥阶层是通过权力获取资源的，即指挥阶层控制行动阶层供养，随着部落人口增多，规模加大，统治者团队直接剥夺社会中某一个个体所持有的物品或服务时，会对持有人个体造成伤害，并直接改变原持有人在社会中的排序，这往往会导致持有人的强烈反抗。统治者团队需求的这些物品或服务往往是最好的，这也可能会形成逆淘汰，使这些物品或服务的提供者的生活窘迫甚至被淘汰。当族群中出现逆淘汰时，这个族群就不会再制造优良的物品，如精良的工具、武器等，因此族群就会衰败。为了避免逆淘汰，一些统治者使用了平均剥夺的方式，即从每一个非统治者成员身上剥夺一部分财产或服务，然后通过交换的方式获取他们希望的物品或服务。这种做法后来演化成为统治者向族群或社会成员征税和强制服徭役的行为。

18.3　征税与公平

统治者们使用平均剥夺的方式，从每一个非统治者成员身上剥夺一部分财产或服务，但是由于社会成员存在贫富差距，平均剥夺对于贫富成员生活水平的降低程度是不同的，贫穷的成员会降低更多。为了避免贫穷的成员无法生存，导致社会的动荡，统治者会从富裕的成员处剥夺更多的财产或服务，即征收富人税，甚至用征收富人税补贴贫穷的成员。我们知道财富是一种能力，更代表着持有人在社会中的排序位置，统治者征收富人税，并补贴贫穷的成员的行为，并不能改变富裕成员和贫穷成员在社会中的排序位置，但是，却提高了统治者团队的各级成员获取资源的能力。这种行为改变了统治者团队与富裕成员在社会中的排序位置，征收的富人税比例越大，税额越多，表明统治者团队征缴资源的能力也越强，统治者团队的各级成员在社会中的排序位置也就越高。社会成员就会通过进入统治者团队来获取更高的排序位置，即通过此途径获取更多的财富。

统治者团队的各级成员通过征缴富人税获取了更多的资源控制权，如果他们不能比富人更好、更高效地利用资源，则社会的整体资源利用效率就会降低，社会从整体上会趋于贫穷。

18.4 市场组织的出现

在远古的市场竞争中，组织的出现是竞争的结果导致的，在竞争中有些人成功有些人失败，成功的人可以拥有更多的女性作为配偶，养育更多的子女，组成更大的家庭。家庭是最原始的市场组织，在家庭中，父母亲会安排子女劳作，即便是子女未成年时，只要具备一定的劳动能力，就会被安排力所能及的劳作。这时人们发现通过分工协作就会取得远高于单人劳作的效率，而在优秀的家长指挥下的劳作收益远比子女独立劳作大得多，于是就出现了家庭农庄或家庭作坊。随着市场的发展扩大，更加复杂的市场组织就出现了，后续出现的组织如商铺、工坊等，都是从家庭这个组织演化而来的。在家庭这个原始组织中，父母在一定程度上限制了子女的人身权力，在后续发展的市场组织中，如学徒制的店铺、工厂、企业和公司等，这些组织的创建者利用交换的方式购买了受雇佣者的劳动时间，即占有了组织成员的部分时间内的部分人身权力，由此，使得组织得以类似于一个生物体进行活动，其中的每个组织成员都在扮演着生物体的一部分器官的功能，组织创建者发挥着大脑的作用，组织的行动者发挥着四肢和躯干的作用。

20世纪30年代科斯曾向古典和新古典经济学者提问："既然价格体系如此有效，为什么现代经济还有依赖行政命令运行的企业存在着？"即为什么市场组织会采用专制的方式？要想回答这个问题，我们还是要回到市场的作用上来。众所周知，市场起到了将资源分配给更高效利用资源的人的作用，人们的劳动力及其劳动时间同样也是一种资源，市场分配有形的物质是表象，分配无形的服务即劳动力及其劳动时间才是根本。有组织能力的人从市场交换中得到控制更多的劳动力及其劳动时间等资源，于是构建了更高效地利用更多有形的物质资源的组织。企业作为高度组织化的经济组织，其整体利用资源的效率远远大于非组织化或低组织化的相同数量的人群的能力，也远远高于其组织成员单独作业时利用资源的总和效率。这就是企业为什么会存在的原因。我们把企业这个市场组织看作是一个生物体，也可以把企业看作是控制者的巨型工具，因此，控制者或者可以被认为是企业的大脑，或者可以认为控制者是运用企业工具的人，在市场竞争中生存下来的企业，都会拥有很高的利用资源的效率，那些低效率的企业都会被市场所淘汰。由于竞争胜利的企业控制者拥有对各种资源（包括物质资源和人力资源）的合理调派和利用的能力，因此，控制者对企业的控制必然是采取效率更高的行政命令的方式，企业内部必然是以类似专制制度为主的管理模式。

18.5　市场组织决策机制的演变

我们分析最原始的市场组织——家庭时，可以发现家庭中天然存在负责决策指挥的父母和负责行动的子女，在家庭这样的原始组织中，当子女幼小时，父母趋向于独裁，当子女成年后，家业变大，父母则趋向于与子女协商。由此可知，市场组织天然就存在着民主和专制两种决策机制，专制机制是基础性的机制，专制的决策机制源于自然竞争，一个人如果缺乏自主决策的能力，他就会成为被指挥的行动阶层，如果一个组织的控制者缺乏做出正确决策的能力，这个组织就会崩溃瓦解。

民主机制是辅助性的，用以降低专制机制的决策风险。军队的将领们在战前讨论作战方案，将领们抛出各自的作战策略，并评议其优缺点，这就是一种降低专制机制决策风险的民主机制。在市场竞争中，组织的结构和运行得到了进化，组织愈加复杂化和高效化，大型化的企业组织为了降低其决策风险，往往会在组织的指挥阶层引入民主决策的机制。民主决策机制虽然能够降低风险，但是，民主机制的低效率是其重大的缺陷，过度使用民主机制会使得企业的决策议而不决。而因为议而不决也是一种决策，因此，企业面临的发展风险越来越大了，几乎所有的现代组织在其内部都采用了“以专制决策为主+以民主决策为辅”的决策方式，既保证了效率，又在一定程度上降低了决策风险。

市场机制本质上是一个民主的决策方法，每一个人和组织都能够向市场中投放物品和服务，并通过交换取走所需物品和服务。哪些物品和服务是优良的，可以视作人们在市场中用货币进行投票，以决定哪些人或组织是优胜者，哪些人或组织是失败者。这个过程相对来说是缓慢的，但却是客观的选择，正如我们在前面说过民主相对于专制是一种低效率、低风险的决策机制。

18.6 资本与资本主义

社会中的各种组织都在市场上谋求各自的利益，一般来讲政府是参与市场活动最大的一个组织，在古代的市场中，它往往是决定性的组织。由于古代政府都是由皇帝或指挥阶层构建的组织，因此，当行动阶层中有人谋求组建自己的组织的时候，如果政府感到有威胁，则不会允许这样的组织出现。如果统治者们不认为这些组织对自身构成威胁，或者这些威胁力量已经具备抗拒统治者的能力后，统治者们会给出许可，允许族群成员自行构建组织。在古代有皇家特许经营，一般认为，“特许经营权”一词来源于英文的Franchise（“特许”和“自由”之意）。实际上，英文的Franchise是由法文的Franc一词演变而来的，Franc本意是“不受奴役”，即封建帝王赋予他人特权使被特许人免受薪水阶层的劳役之苦，自由地开创自己的事业。

资本是伴随着自由构建组织的权力而诞生的，资本是物化的权力，只有足够大且足够自由的市场，才能够出现资本组建的组织。我们知道货币的本质是权力信息的载体，持有货币的人可以向接收货币的人发出指令，获得其需要的一些物品或服务。很显然，持有很多货币的人拥有获取很多的物品或索取很多服务的权力，当这些权力不会被指挥阶层任意剥夺时，人们持有的多量的货币就具备了成为资本的条件，当人们有权力使用这些多量的货币构建组织时，多量的货币就成为资本。这种用于构建组织的货币和物质，才可以被称为资本，资本是市场经济允许人们自由构建组织的权力。

我们知道资本是构建市场组织的权力，所以，资本主义的本质是权力主义，人们拥有自由构建市场组织的权力，人们拥有自由参加或退出某个市场组织的权力，人们拥有自由购买或出售产品或服务的权力，这就是资本主义。

早期的资本主义国家对外侵略的方式与封建帝国大为不同，封建帝国侵略别国以抢掠占有为主，而早期的资本主义国家更多的是要求其他国家开放市场，允许人们拥有自由购买或出售产品及服务的权力，或至少是开放通商口岸，更大规模的市场是资本主义国家的经济组织和科学技术赖以发展的基础。资本主义国家与封建帝国最大的矛盾是能否给予封建帝国的人们以自由的权力。

18.7 企业的本质

我们在之前介绍过最原始的市场组织是家庭，在市场中最初构建的组织大多是手工作坊和商业店铺，手工作坊是以技术持有人为核心，以技术求学者为辅助人员的小型市场组织，商业店铺也是类似的组织。

现代企业理论是罗纳德·科斯于1937年开创的。科斯企业理论的核心是用交易成本解释企业的存在。科斯认为企业的出现是因为市场交易成本太高，人们为了降低交易成本而创建企业。但是，企业的出现并不是仅仅为了降低交易成本，企业的本质与那些小型的生产组织一样，都是为了提高资源利用效率而组成的，一个成功的企业其资源利用效率必然远远高于所有企业成员单独劳动时的资源利用效率。所有企业成员在为企业服务时，所获得的收益一定高于其独自劳动时所获得的收益。企业出现的真正原因是人类工具型进化和组织型进化的结果，大型化的工具（如蒸汽机、纺织机、炼钢高炉、流水线）的出现，可以极大地提高生产效率。如果没有出现大型的生产工具，企业就不会出现，这是因为生产工具的大型化必须要有一个团队才能操控，这是主要推动力；其次，这个社会或国家必须允许企业构建者有权力组建企业团队；其三，由于大型工具成本巨大，因此，企业组织必须有足够大足够长的市场空间和时间，便于企业构建者收获利益。

企业是社会组织复杂化、多元化和系统化的产物。面对日益复杂的社会结构，社会的指挥阶层逐渐将建立市场组织的权力让渡出来，允许人们构建企业组织，接纳企业组织的创建者成为指挥阶层，形成了除了政府、宗教权力组织之外的新权力中心。社会的指挥阶层呈现多元化发展状态，指挥阶层存在于政府机构，存在于工厂企业，存在于文体产业，存在于社会的各个组织中。

从微观角度看，企业的出现是市场中个体人的进化结果。能力突出的个体人获得更多的资源，可以招募其他生产能力较低的人，建立自己的市场组织，这个组织就仿佛是拥有创建者性格的类生物体。类生物体体现着创建者的意志，企业中的成员仿佛构成了企业的躯体、手、脚等器官或系统。成功的企业利用资源的效率，可以远远高于非组织化的相同人数的资源利用效率，能够提供给社会更多的产出，可以使企业控制者和企业中的所有成员都能够获得更好的社会地位或排序。

真正意义的企业最早出现于英国的工业革命时期。在之前或当时的其他国家并不存在企业，这说明其他国家还有限制企业诞生的因素存在。随着英国成为跨大西洋贸易的中心点，其市场覆盖规模日趋庞大，市场模式趋向于自由经济，贵族获得了组建市场组织即企业的权力，平民获得了人身和自由迁徙的权力，即劳动力获得了自由。自由市场中的强者与社会的指挥阶层基本一致，当市场中的强者发现无法直接通过市场交换满足自己的需求时，就会采用构建组织的方法，提高自己提供产品与服务的能力，来寻求更多的市场交换满足自己的需求。他需要满足参加组织的人所提出的更高的要求，以求得这些人追随他，并完成新型市场组织即企业的构建。

企业与手工作坊的主要区别在于，手工作坊或工场多是以师傅带徒弟，以技术传承为纽带的生产组织，组织的核心是掌握特色技术的师傅，这是一种低级的组织化。企业是以资本为纽带，以管理者为核心的生产或服务组织，这是一种高级的组织化。

18.8 企业构建者的作用

不可否认的是，企业的构建者就是企业的灵魂，他们构建企业的过程非常类似于生物体由一颗受精卵发育成一个庞然大物的过程。企业构建者往往是从一个人发展成为几百人、几千人甚至是几万人的大型企业，普通创业者的成功率与鲑鱼卵从孵化到成鱼的概率相当，而获得资助的创业者成功率则类似于哺乳动物的狮群幼崽受到精心哺育而成长到成年的概率。

所有的企业都可以看作是一个类人生物体，小企业也是一个类人体，它的性格和行为完全类似于其构建者或管理者，而大企业类人体则和管理层集体表现出来的性格和行为完全类似，企业构建者或管理者就类似于企业类人体的大脑，企业的员工则如同企业类人体的四肢躯干。每年有很多的企业成立，他们会相互竞争，争夺有限的资源，也有很多企业构建者因为种种原因竞争失败，企业倒闭破产，或者被他人收购，只有极少数的企业获得竞争胜利，这些获得胜利的企业往往是最适应社会制度的企业。如果这些获得胜利的企业同时也是资源利用效率最高的企业，那么，社会类人生物体的整体资源利用效率就会提高，如果获得胜利的企业并不是资源利用效率最高的企业，那么，社会类人生物体的整体资源利用效率就会降低。

社会中每一个企业构建者都是弥足珍贵的，企业构建者越多社会的活力就越大，企业间的竞争可以促进整个社会的资源利用效率的提高。整个社会就好像是一个类人生物体，企业构建者建立的经济组织构成了社会这个类人生物体有血有肉的一部分，当社会这个类人生物体中的大部分企业呈现正常的生老病死过程，则是社会类人生物体正常的新陈代谢过程，而企业非正常地消失倒闭，则显示着社会类人生物体出现类似内部疾病或遭受外部打击。创业者的成功率较高的国家或社会，显示其制度比较适宜企业构建者生存，创业者的成功率较低的国家或社会，其制度比较不适宜企业构建者生存。

在现代社会，企业作为一个市场组织，或者说一个参与竞争的类人体，它发生破产倒闭或被兼并的概率，要远远大于一个人的死亡概率，因此，构建企业是一项高风险的行为。累赘理论告诉我们，男人们往往用操控一个高风险的事物来证明自己的生存能力，因此，在市场中构建企业的人绝大多数是男人。他们建立并操控一个企业，应对更大的不确定性带来的风险，使企业利用资源的效率更高，生产出市场接受、消费者认同的产品与服务，企业获得生存机会，企业中的每一个人都获得更多的收益，这就是企业家精神。

企业家就是那些最善于对未来做出判断并愿意为此冒险的人。如果没有不确定性，每个人都有决策所需要的全部信息，决策就只是一个计算程序，就没有企业家的用武之地。但在一个不确定的世界里，如何判断未来，如何收集和加工信息，就成为人们做决策的首要任务。正是由于那些最善于判断未来并愿意承担风险的企业家发现了远未饱和的市场，创造了各种各样的新产品和新技术，过去两百多年的经济进步才成为可能。这一点对理解市场经济的运行和经济增长的奥秘尤为重要。

18.9 价格机制与企业制度

从宏观上看，企业组织是一个类生物体，它受到创建者的支配，体现着创建者的意志，创建者会同企业管理层使用行政命令控制企业。创建者创建企业就是为了以高于其他人的效率使用并获得资源，得到市场的认可，获得市场的回报，并给企业组织中的每一个成员以高于其意愿的收入，这就是企业存在的意义。

市场是通过价格机制动态地配置资源。价格机制实际上就是市场竞争机制，它解决了资源交给谁的问题，一个人、组织或企业应用资源的方式是否正确由价格机制来判断。各种物质是资源，劳动力同样是资源，什么人能够更高效、更好地利用这些资源，资源就会向这些人集中。

市场的资源配置过程受到经济、政治制度的限制，这造成在某些时段，资源并不一定会被市场配置到最能够发挥其作用的人的手中。但是市场配置资源的大趋势是，配置到最能够发挥其作用的人的手中。市场配置资源达到合理的速度越快，就证明其经济制度、政治制度越优秀，配置资源达到合理的速度越慢，就证明其经济制度、政治制度越落后。

企业制度是解决资源怎么使用的问题，资源的使用面临着效率和风险的问题，如果使用民主的方式决定资源如何使用，则面临着低风险和低效率的情况，如果使用专制的方式决定资源如何使用，则面临着高风险和高效率的情况。我们在前面讲过市场最基本的的功能是择偶，而男人都是以承担风险的方式来展示自己的生存和养育后代的能力，因此，创建企业的人毫无疑问是愿意承担高风险的，他们自认为能够更高效、更好地利用资源。因此，他们更愿意使用专制和行政命令来管理企业，指挥企业员工进行生产。

至于这些企业创建者是否能够更高效、更好地利用资源，则需要市场来检验，消费者通过货币投票即价格机制来选择产品和服务，如果企业能够高效地为市场提供良好的产品和服务，市场就会回报给他们更多的资源，即消费者会以更高的价格购买其产品和服务，给予其更多的货币，企业会获得超额货币或称之为利润，企业得到发展，企业家或资本家得到更多的收入。反之，消费者则不会购买其产品和服务，这就意味着市场剥夺了他们的资源，使他们的企业收入低于支出，即企业发生亏损。亏损严重时，这些企业的资源被剥夺殆尽，即企业破产倒闭，企业家或资本家被市场淘汰。

18.10　企业中的计划管理与专制管理社会的异同

科斯认为企业的出现是因为市场交易成本太高。他对企业性质是这样描述的：“企业实质上是一个小的统制经济，其内部资源配置的方式与我们在社会主义经济中所看到的相类似。”（参阅罗纳德·科斯的《企业、市场与法律》，上海三联书店1990年版）按照科斯对企业的论断，似乎可以推论出，只要有一个足够智慧的、可以掌握大量信息的统制者，统制经济可以取代市场经济。这很显然是一个错误的结论。首先，企业的出现并不是因为市场交易成本太高，而是社会中的一些人，他们具有组织人力和物质资源的能力，构建了组织，并击败竞争对手，他们可以使组织中成员的生产效率获得提高，这些人被称为企业家，企业家通过整合资源，以更高的效率向市场提供产品和服务，从而获得某种优势。其次，企业并不能称其为完整的“经济”，企业内部仅仅依靠指令解决了把资源交给谁支配的问题，但是并没有能力验证资源支配人是否称职，也就是没有解决把资源交给最佳人选的问题，只有市场才具备验证谁是最佳的资源支配人的能力。如果企业把资源交给不能充分发挥其作用的人控制，就会被市场所察觉，被竞争对手击败，而失去其资源，企业组织也会因此瓦解。如果企业把资源交给能够充分发挥其作用的人控制，就会战胜竞争对手，利用市场赋予的资源创造更多的财富。

一些国家推行统制经济，他们面临的困境同样是无法解决把资源交给最佳支配人的问题。没有市场这个考核机制，就无法分辨出谁是能够最高效利用资源的人，因此，也无从谈起如何提高资源利用效率。市场经济的效率并不很高，只是与计划经济相比效率比较高而已，这使得计划经济成了效率低下的代名词。

当我们从市场经济的最基本目的是配偶选择方面来说，由于配偶选择权是一项最基本的自由，人们通过市场竞争择优汰劣，因此，市场就只能是自由的，只要人们还在通过查看男人女人持有的物品来比较优劣，市场就是无法被淘汰和被计划的，统制经济完全不可能解决这个问题。

18.11　企业利润的来源

关于企业利润的来源，经济学家们有着各种各样的见解，如萨伊认为“利润是风险的报酬”，考塞尔（courcelle-seneuil）认为“利润不是工资，而是对风险的承担”，英国经济学家把利润看作是资本的报酬，罗雪尔（roscher）则把利润看作是工资的一种形式，还有一些经济学家认为“利润既不能简化为资本报酬，也不能简化为劳动报酬”，屠能（thunen）和冯·曼戈尔特持有该观点，屠能在他的《孤立国》中把利润定义为利息、保险和企业管理者工资得到满足之后的剩余。弗兰克·H·奈特在他的《风险、不确定性与利润》一书中将利润归结为是由不同于风险的不确定性带来的。还有一些人把利润归结于资本家对工人劳动的剥削。他们每个人的观点都具有一定的合理性，同样也存在无法自圆其说的部分，因此无法完全说服他人。

当我们考虑企业获得利润的时候，不妨将企业看作是一个类人体，它必须向市场付出产品或服务，满足消费者的需要，来获得消费者给予的货币。如果这个企业获得的货币高于它向市场付出产品或服务所消耗的货币，也就是它获得了超额货币，这些超额货币必须满足企业中每一个成员的需求之后，才能被称为企业的利润，或者叫作盈余。正如非洲草原的狮子先付出能量奔跑追逐猎物，捕获猎物后，啃咬猎物获得能量，它所得到的能量必须满足了身体中每一个细胞组织的消耗之后，还有富余的食物，这才能被称为它的盈余。狮子会把这些盈余转化为更加强韧的骨骼和肌肉，以便能够在下一次捕猎行动中更多地捕获猎物。人类的企业同样如此，企业家不断地把盈余投入企业用于购买机器设备、雇佣更多人员等来发展企业组织。支出等于收入的企业仅仅够维持生存，拥有利润（盈余）的企业才能够购置新机器、建设新厂房或研发新产品，才能够获得发展壮大的机会。

利润究竟是来源于资本、资本家还是工人？抑或是由企业家通过承担风险或不确定性获得？回答这个问题之前，我们需要做整体的观照。当我们从整体上把企业看作是一个有机体时，我们就会明白以上的利润来源的观点都只是盲人摸象，只看到了利润来源的一方面，就好像在争论究竟是狮子的爪子捕获了猎物，还是牙齿捕获了猎物，或是狮子冒了被猎物伤害或耗费了体力的风险的收获。狮子捕获猎物的盈余应该是狮子作为一个整体的盈余。

与狮子捕猎首先要判断预测猎物的行动方向，然后调动四肢和躯体奔跑追逐猎物一样，企业利润同样是由资本家和企业家通过预测消费者的需求，冒着损失支出发生亏损的风险，协调运用企业资源，指挥企业员工为市场提供物品和服务，获得消费者的认可，满足消费者的需求，从而获取超过支出的货币盈余。企业利润是企业作为一个整体从市场中获得的，是每一个企业成员的社会排序获得提高的总和，利润是企业生存的根本。

18.12 组织中的利益分配

市场中的所有参与者（包括政府）都意图占有、支配更多的资源，很显然构成团队的个体往往具有攫取资源的优势，所以，一些个体人也希望通过建立自己的组织来控制或获得更多的资源，这些人是组织的指挥阶层，而另一些人希望参加组织以求获得更多的资源，这样的一些人基本上构成组织的行动阶层。这类组织都可以被认为是类生物体。它们的行为方式在宏观上看与生物体类似。由于成功构建企业组织的人，其能力远远强于其他个人，因此，其构建的组织的生产能力和资源使用效率，会大大高于其他个人的手工作坊。一些人使用资本构建了组织，这些人意图使自己成为组织的灵魂人物，成为巨人，在竞争中取得优势。

组织只有为组织中的每个人都提供高于或预期高于其原有资源时，组织才能够保持存在，反之，人们将会离开这个组织，加入其他能够提供高于或预期高于其原有资源的组织。组织之间的资源竞争同样十分激烈，同样遵守生存竞争的法则，竞争失败的组织会被无情地瓦解。

组织中的每个个体人对于组织来讲其重要性是不一样的，比较重要的个体人可以控制并获得组织中更多的资源，不重要的个体人仅仅可以控制和获得组织中较少的资源。例如在远古部落中，首领和猎手们会优先获得食物，而幼儿和病弱者而后获得食物，这种利益分配优先保障了核心成员的生存和体能，也就保障了部落的获取食物和防御敌对部落的能力，也保障了部落的整体生存能力。在现代组织中同样存在类似的有利于组织生存竞争的利益分配机制，例如一个军队总是投入很大的力量保护军队的高层指挥人员，一个企业给予其核心成员的薪酬总是最高的，等等。

社会中的资源向优秀的组织流动，组织中的资源向优秀的个体人流动，这是竞争的结果，也是自然规律使然。比如，在军队这个组织中，军官控制的资源就比士兵多，上级军官控制的资源就比下级军官多，而统帅控制的资源是最多的。对于一个企业同样如此，管理人员控制的资源，就比普通工人多，高级管理人员控制的资源，就比基层管理人员多，而企业家和资本家控制的资源在企业内部是最多的。

18.13　政府干预企业利润分配的原因

各国政府都在干预企业等市场组织对利润如何分配使用，这是因为政府把企业等市场组织看作是国家组织的一个有机组成部分，企业等市场组织被认为是一个国家组织的支持性组织，政府居于国家组织的统治地位，有权力调控内部的各级组织的运行。是否拥有强大的、可控的市场组织，是国家统治组织确保国家组织强大的基础。例如，美国强大起来的原因之一是因为他们拥有洛克菲勒、通用、摩根等强大的企业。统治组织与企业等市场组织以及个体人的关系可以用狮王与狮群中的雌狮相类比，狮王对雌狮提供保护和领地，雌狮们负责狩猎，捕获猎物后，狮王优先进食，雌狮则会依次进食。

有的国家的统治组织对企业等市场组织是强干预式，另一些国家对企业等市场组织是弱干预式，实行计划经济体制的国家是强干预的方式，实行市场经济体制的国家是弱干预的方式。强与弱干预的区分在于政府是否会干预企业之间的竞争，最为极端的强干预是统治组织完全制止企业之间的竞争，甚至干预到企业内部对其拥有资源的分配使用等微观层面。弱干预的方式基本不会干预企业之间的竞争关系，但现代社会以来，很多采用弱干预的方式的国家对企业的干预正在强化，会以最低工资、社保、医保、所得税和反垄断等方式干预企业的运行。

这两种干预方式各自有其风险性。强干预式的风险在于如果统治组织干预企业之间的竞争，不可避免会出现资源非市场化流动的现象，即滥用资源的现象，或出现方向选择性错误，由统治组织保护的企业就会对抗市场选择，甚至逆淘汰竞争对手，纠正其错误的成本会很大，时间会很长。强干预未达到预期时，指挥阶层会动用更大量资源推进自己的决策，一旦发生资源错配，纠正错误的难度比较大；一旦出现方向性错误，则会造成社会崩溃，其发展的长期持续性和发展速度的累积性不足。强干预方式其优势在于决策速度很快，决策后可以调集大量资源快速流入被支持企业，如果资源被支持企业能够合理、高效地使用这些资源，且方向正确，则该企业短期发展速度会很快。韩国在朴正熙时期，智利在皮诺切特时期，以及中国台湾在蒋经国时期都是统治组织对国家或地区经济强干预的状态，这几个国家或地区在那个时期都处于经济快速发展阶段。

弱干预式存在的风险在于企业间的竞争决出胜负的过程可能会很漫长，资源向优势企业的调集、流动都通过市场竞争来实现，相对于强干预式比较慢。但其优势在于一旦企业决策出现错误后，会在比较短的时间内被市场纠正，制止其错误的成本比较低，资源更容易被合理使用，且方向正确的概率比较大，其发展可以不断累积，发展速度会逐渐加快。

采用何种干预方式是自然的选择，要与其国情相适应，当干预方式不能满足发展需要，且统治组织不进行改变时，国家组织就会出现发展停滞或衰落，一旦出现内部或外部力量改变时，统治组织甚至会崩溃。

经济发展落后的国家如果采用弱干预式的管理方式，发展速度就会比较慢。如果进一步采取开放式的市场经济，其内部的企业等经济组织面对经济强国的强力经济组织时，遭到失败的概率会很大，从而丧失其资源。经济发展落后的国家由于其内部经济组织的衰落，其国家组织会更加弱化，所以，我们可以看到大多数发展中国家都很难通过自身发展步入发达国家行列。因此可以说，国家组织采取何种干预方式必须服从自然选择，在竞争中获得生存和发展的机会。

虽然，经济落后国家追赶经济发达国家只能通过强干预的方式，但是，对于企业等经济组织干预到何种程度，如何甄别优势企业，是落后国家的统治组织必须考虑的问题。

18.14　市场的利益分配模式

一个社会中资源分配的方式有两种，其一是市场竞争的方式，其二是按权力分配的方式。市场竞争的方式即优胜劣汰赢者通吃，这种方式是资源利用最高效的方式；按权力分配的方式是社会统治阶层为了维护组织整体运转，以及维护自己的统治地位，以收缴行动阶层部分资源重新分配为手段，一方面强化自身控制和维护组织的能力，另一方面平抑组织中的分裂趋势，控制市场竞争中出现的强者，保护整个社会的秩序，以便于自己的统治。这种方式并不以高效利用资源为目的，在没有外部竞争压力的情况下，政府这个组织也同样趋于扩大，趋向于占据更多的资源，如果一个社会是按权力分配的方式为主，那么其资源利用效率会逐渐降低。

市场中的组织，大多是资源获取型组织，政府这个组织是平行于市场的，是资源平衡型组织。资源获取型组织其目标是通过工具型进化和组织型进化，获得较高的生产效率，在市场交换过程中获得和创造更多的资源；资源平衡型组织其目标是通过剥夺或转移组织或个人的部分资源，补充其他组织或个人的资源，平衡部分组织或个人对资源的占有量。政府主要是对抗或限制外部社会或社会中其他组织或人员威胁其统治地位，并维持自身组织良好运行。资源获取型组织运用市场竞争、优胜劣汰原则获得并集中资源，竞争失败者往往要忍受组织崩溃、人员的贫穷甚至死亡，而作为资源平衡型组织的政府并不希望社会人口减少的现象出现，更不希望出现强有力的与之抗衡的大型资源获得型组织，因此，政府往往通过有形之手进行资源的平衡分配。

18.15　效率、公平与政府的关系

市场是相对高效的资源利用者，它剥夺了市场竞争中失败者的资源，同时把资源赋予每一个优胜者，优胜者高效地利用资源。当他们不受限制地发展、进取时，会形成强大的市场组织，而“有形的手”即统治者团队存在的目的就是保障自己的存在，并通过保障社会组织整体的壮大来保障自己的存在，统治

者团队对外抵御侵略者，对内压制挑战者。

千百年来，政府一直在控制市场的发展，通过税收、专营、限制措施甚至剥夺等手段，控制族群成员不会在市场竞争中成长为一个威胁他们存在的团队。当政府发觉自己这个组织有可能被其他获得过多资源的组织或个人削弱时，就会出手干预、阻止其他组织和个人获得资源的能力或渠道。当市场法则被政府组织过度干预时，市场竞争优胜劣汰被阻碍，社会组织化程度降低，资源转移速度降低，资源利用效率降低，生产产出下降，经济组织大量消失，人与人之间的联系会严重减少，整个社会有机体是无力的，难以抵抗外部侵略，因此，古代的帝王不得不在控制市场和国家社会力量之间寻求平衡。

市场严格遵守优胜劣汰的法则，并力求提高资源利用效率。市场中并不存在所谓的“公平”的概念，公平是在统治者团队剥夺族群成员财物与服务时产生的概念，所谓“公平”是统治者团队分辨按人头平均剥夺更稳妥更有利，还是按照财富多寡以一定的百分比剥夺更稳妥更有利，那些意图成为统治者的团队同样以剥夺其他特定族群成员财物与服务来展示自己的“公平”，“公平”是社会中每个人被剥夺之后心里的一种感受，不同的人对被剥夺有不同的承受能力，因此，就存在不同的“公平”感受。

18.16 经济发展的原因

当我们讨论经济发展或经济增长依靠什么时，首先要确定什么是经济增长。现代经济学给经济增长的定义是，在一个较长的时间跨度上，一个国家人均产出（或人均收入）水平的持续增加。以一个更为简单的角度来估算，则可以认为一个国家就是一个类人生物体，如果从个体人角度来考虑，一个人其经济状况向好，可以用恩格尔系数来描述，即这个人用于维持自己生命所需要的劳动时间缩短了；扩展到一个经济体或国家层面时，也可以这样定义经济增长，即一个国家或经济体用于维持其成员的生命所需要的总和劳动时间缩短了，就可认为其经济获得了有效的增长。

1987年诺贝尔经济学奖得主Robert Solow提出了索罗增长模型“Solow Growth

Model”，在这个模型中，索罗认为国家经济（Y）的增长由三个要素所驱动，即生产函数Y=A·f（L，K），L为Labor劳动力，K为Capital资本，A为TFP全要素生产率。索罗认为通过加大劳动力、资本的投入可以使经济得到数量型增长，提高全要素生产率可以使经济得到效率型增长。2018年的诺贝尔经济学奖获得者Paul Romer给索罗模型中引入了一个新变量H（Human Capital）人力资本，于是生产函数Y=A·f（L，K，H），在模型中加入人力资本后，解决了索罗模型的缺陷，他的模型被称为内生增长模型“Endogenous Growth Model”。

上述两个模型并不能很好地解释经济增长。如果仅仅是向经济体中注入更多的劳动力，更多的资金，经济体的经济就会增长，这未免过于简单化了：第一，混淆了资本与资金的本质不同；第二，劳动力的增加并不是必然会有正产出。在这两个模型中，似乎只要增加资金和人力投入，经济就可以获得增长，但是，实际情况并非如此。例如一个企业，并不会为了增加产出，就雇佣更多的人，增加更多的设备，这样做有时恰恰会导致相反的结果：一些企业恰恰是因为雇用了更多的人，购买了更多的设备，而走向破产。

我们知道资本是构建组织、运用资金的保障，而不仅仅是资金本身，劳动力只有在恰当的经济组织中，才能有正产出，劳动力在不恰当的经济组织中的时候产出很少，甚至是负产出。落后地区从来不缺少劳动力，也并不一定缺少资金，他们往往缺少资本和与先进工具相适应的组织和制度。落后地区从先进地区引入资本，往往会给予各种明示或潜在的优惠措施，也可以称之为“超国民待遇”，例如税收优惠、土地优惠，甚至市场监管等方面的制度优惠，这些优惠都是赋予外来资金的额外权力，这些引入的资本往往可以获得优于本地资本的权力，即相同的资金数量情况下，外来资金是具有更多权力的资本。先进地区的资本如果带来更有效率的组织形式，则可以大大提高落后地区劳动力的生产效率，会帮助落后地区的经济获得增长。如果先进地区的资本没有获得相应的优惠条件，则那些资本绝不会来到落后地区开办企业，也不能帮助落后地区的经济获得增长。

从社会进化的角度看，正如生物界的某种生物由于基因突变，而获得高于其他竞争者的优势，就会使其种群数量获得较大的增长，以及获得较大的生存空间，对于人类来讲，这个规律同样存在着。人类社会中的族群、国家或经济体等组织只有通过工具型进化或组织型进化，即研发或使用更先进的设备、工艺和技术，加入经济组织的人员更多和组织结构更加合理，才能使其经济得到有效的增长，进而取得优于其他族群、国家或经济体的竞争优势，工具型进化和组织型进化才是人类社会演变和经济发展的根本因素。

组织型进化在于以下两个方面：其一，对于人们建立经济组织权力的限制是否更少了，即能够成为资本的资金是否增加了；其二，经济组织间的竞争是否符合优胜劣汰的法则，即各种生产要素、劳动力是否可以市场化配置，使其效能最大化。

工具型进化即为保罗·罗默在1986年《收益递增经济增长模型》中那样认为：知识和技术研发是经济增长的源泉。罗默的模型较为系统地分析了知识与技术对经济增长的作用，它突出了研究与开发对经济增长的贡献。但是，工具型进化只有在组织协同进化，即适应新型工具的组织结构形成后，其效率才会得到充分发挥。

工具型进化又可以分为渐进式工具型进化和突破式工具型进化。渐进式工具型进化是指人们对现有的工具，不断进行局部的细节方面的改进，从而逐步提高人们某一方面的效率；突破式工具型进化是指人们创造出前所未有的新工具，可以大幅度或突破性地提高人们多方面的生产效率。决定性的新工具，一般来说都是对新能源的发现，如草木、煤炭、石油，以及这些新能源的利用工具，例如火、铁器、蒸汽机和电动机都是利用新能源的决定性的新工具。近年来的计算机、人工智能等新工具也是仅次于新能源的决定性的新工具。

人类社会的某个经济体的指挥阶层，如果能够主动调整其组织结构，鼓励其经济组织内部的个体发明或改进更加高效率的生产类工具，并促使这些工具得到组织的快速推广和应用，那么其经济就有可能获得较高速度的发展。这就是对于知识产权进行保护，可以促进工具型进化的原因。

18.17　后发优势与后发陷阱

先进国家发明、发现新工具新知识的能力，远远高于落后国家，因此，先进国家的生产能力高于落后国家，或者说落后国家很难通过自身的知识积累和工具创新，在经济领域赶超先进国家。

落后的国家引进新工具、新知识就会使得自身的生产效率在短时间内获得较大幅度的提升，人们常常认为这是所谓的"后发优势"。但是，新工具、新知识的应用需要社会组织和经济组织做出相应改变，才能够发挥出它们最大的效力，落后国家的社会和经济组织很难发生适应新工具、新知识的改变，因此，没有哪个落后国家可以仅仅依靠引入新工具、新知识就能够超越发达国家。

尽管落后国家并没有适应新工具、新知识的社会结构和经济组织，但是新工具、新知识仍然是一种工具型进化，依然会在落后国家发挥一定的效力，在相当程度上提高其生产效率，而且由于并没有投入较多的资源研发新工具、新知识就获得了社会生产效率的提高，即所谓的"后发优势"，这给了落后国家指挥阶层一个错觉，误以为无需改进社会组织，只要有新工具、新知识的输入就可以了。落后国家指挥阶层对改进社会组织和经济组织以应用和适应新工具、新知识的限制，使得其经济组织与社会组织出现矛盾，严重时会导致社会动荡，输入的新工具、新知识不能得到充分的应用，也不能得到很好的持续发展，这就是杨小凯教授所述的"后发陷阱"。

随着决定性的新工具的发明，人类社会结构也会随之发生变化，形成新的经济组织结构来适应新工具。例如标枪等高效的捕猎工具的出现，以及石质的锄头等农耕工具的出现，使得无须大规模团队狩猎，小型经济组织即可获取足够的食物，因此，家庭这个原始经济组织就出现了。当人们使用木炭这样的新能源时，就可以冶炼青铜和铁，并制作金属质地的工具，如铁犁、纺车、织布机、马车等，这些新的工具则需要复杂、专业的经济组织来使用和操控，这导致了如农庄、商铺、工场等人数较多的经济组织的出现。当人们使用煤炭这样的新能源时，就可以冶炼钢铁，并制作钢质的工具，如蒸汽机、珍妮织布机、机床等，这些大型工业工具出现后，就会诞生公司、工厂等更复杂、更专业的经济组织来使用操控这些工具。当人们使用石油、电力这样的新能源时，更大型的石油开采、炼化设备、发电输电设备、流水生产线、电子产品生产线等现代工业超大型工具出现后，就会诞生集团公司、跨国公司等超级复杂、专业的经济组织来使用操控这些工具，各种经济组织都对应着使用工具的复杂程度，发展出与之相适应的组织结构。

人类社会的某个群体组织，其组织内部的制度改进，即组织型进化促进了这个新工具在组织内部的快速推广和应用，那么，持有这个工具的族群就会得到某种优势，他们就可以击败其他族群，并使自己的族群扩大。持有相同武器的军队，一方的组织结构优于另一方的组织结构时，甚至会以绝对优势击败对手。例如，清朝的军队当他们面对武器相同的日本军队时，由于其组织结构的落后，最终导致了甲午战争的失败。

如果某个社会的控制组织的组织型进化频繁迅速，则会促进经济组织适应工具的结构演化，有利于经济组织将工具的效能发挥到最大，这个作为社会的整体组织就会得到发展。如果某个社会控制组织的组织型进化缓慢，就会阻碍经济组织适应工具的结构演化，则其经济组织就不能将新工具的功效发挥出来，这个社会就会落后，就会丧失生存所需的资源和空间。

18.18 经济危机

工业革命之前，各国的经济危机都是由于各种灾害或战乱造成的短缺型经济危机，这是由于生产生活必需品的农夫与生产非生活必需品的人口和统治者团队等被养育人口之间的比例处于危险的平衡点上：一旦出现自然灾害或战乱，就会导致农夫死亡或逃走，而无法正常进行生产活动，市场上的生活必需品就会因减少而价格飞涨，农夫们由于处于社会的底层，无法优先获得食物，因此他们处于无法养活自身的境地，这反过来又加剧了农夫们的死亡和逃离数量，进而使得生活必需品更加短缺，由此导致了整个社会的崩溃。

工业革命之后，西方发达国家的经济危机多是商品过剩型经济危机，对于后一种经济危机，马克思认为是由于资本家的贪婪引起的，但从人性的角度看，资本家并不比他们的前辈更贪婪，究竟是什么原因导致了过剩型经济危机，有必要进一步深入研究。

过剩型经济危机其起因是生产能力获得突破性提高，产品大量过剩，进一步探究其原因无非是有两个：其一是新型的具有决定性意义的新工具被研制出来，其二是新型的具备高效率的组织结构的出现。以20世纪30年代的全球性经济危机为例，由于19世纪末，电能和电动机械的技术开发逐渐成熟，大规模商业化应用，使得人类拥有了20世纪最具有决定性意义的新工具——电动机（发电机），这项新工具大大提高了各种类型工矿企业的生产效率。与此同时，欧洲和美国银行组织的高速发展，新型的具有更高效率集合资源的银行将大量的资金贷款给了更多希望建立组织的人，帮助他们成立公司和企业，社会的结构迅速组织化。有限责任公司也产生于19世纪末的德国，它吸收了无限公司、股份有限公司的优点，避免了两者的不足，尤其适用于中小企业，最早的有限责任公司立法为1892年德国的《有限责任公司法》，之后，1919年的法国、1938年的日本也相继制定了《有限责任公司法》。

银行和信贷从某种意义上来讲更像是一种杠杆，一种催化剂，有限责任公司这种经济组织，也大大降低了组织创立者所面临的风险。银行和有限责任公司的出现，可以快速帮助那些希望建立组织，却并不具备足够资源的人以充足的资金和有限的风险，使其有机会、低风险地建立自己的组织。信贷资金是一种高成本的资金，它可以快速识别哪些人适合建立组织，哪些人不适合建立组织，适合建立组织的人在信贷的作用下，快速建立并发展成为大型组织，获得巨大财富，社会排序晋升到一般人难以企及的高度。并不适合建立组织的人，在信贷资金的作用下，更快速更惨重地遭遇失败，其建立的组织，也会被快速瓦解。这是因为只有少数的人有能力建立组织，只有极少数的人能够建立并维持大型组织，而更多的人并不具备建立组织的能力。

当具有决定性意义的新工具被发现或发明时，则会刺激信贷、风险投资快速大量投放，在新工具、信贷和有限责任公司等类型市场组织的作用下，社会获得巨大而迅速的改变，新工具的诞生和社会进一步组织化，大大提高了商品的生产效率。与此同时，当信贷、风险投资过度过快投入的作用下，难免会泥沙俱下鱼龙混杂，大量不具备建立组织能力的人，由于有限责任公司制度降低了其所承担的风险，使得他们以赌徒一般的心理，获取超出其能力的信贷资金，大量的经济组织被建立，大量的产品被生产出来。而市场容量并未扩大到能够容纳这些产品的程度，就会造成产能超过需求的状态，使得企业组织不得不进行激烈的市场竞争，有的在竞争中不可避免地会被淘汰，竞争的结果是一部分企业倒闭，工人失业，而资金损失在所难免。经济危机中，大量公司的破产使得银行的信贷资金无法收回，导致银行无法偿还储户资金而破产，债务断链会造成社会信用的降低，看到危机的人们为了应对未来的不确定，竞相降低消费水平，减少交易频次，社会整体的交易频次降低，于是，更多的商品出现过剩，从而造成了更加沉重的过剩型经济危机。

可以这样认为，决定性新工具的应用是经济危机的基础，而银行信贷的爆发性增长，以及有限责任公司的组织形式，使得很多不具备组建和控制组织能力的人，有机会获得了资源建立了组织，但是，在市场竞争过程中，他们必然会失去资源失去组织，但市场调整资源配置的过程漫长、规模巨大，直至不堪重负，这就是经济危机的爆发的根本原因。

18.19　凯恩斯的悖论和积极意义

对于化解经济危机，必须解决交易频次降低的问题，凯恩斯的解决方案是消费替代，由政府加大投入建设公共工程替代民众进行消费，甚至直接介入经济活动。凯恩斯学派的经济学家常常用这样的例子证明其正确性：一个外地顾客来到小镇找到旅馆要住宿，并付给老板100元作为住宿费，旅店老板拿了这100元付给了面包房的老板清欠了面包款，面包房的老板拿着100元付给了肉铺老板还清了所欠的肉钱，肉铺老板把这100元还给了旅馆老板还清了住宿费，而那个顾客因为临时有急事离开，旅馆老板又把100元住宿费退还给他。在这个过程中，大家都没有获得收入，但债务链条得以解决。经济学家们想出更为极端的例子是，用直升飞机撒钱，来恢复交易。意即只需要一个外部注入流动资金，就可以重启经济循环，清解了每一个人的债务，使得交易继续。但是，这只是经济学家们的臆想，这种情况并不会发生。在正常的市场经济中，这些店铺的老板会有各种各样的办法消解连环债务，而无须一个外来的顾客注入流动资金，如任何一位老板出具欠条、支票或抵押品，就可以清解债务使交易继续。上述凯恩斯支持者的例子，只有在老板们都在交易对方的眼里丧失了信用度之后，才是成立的。也就是说经济危机消费停滞的根本原因是社会信用度的降低，当经济体系由高速的信用交易降为低速的实物交易时，整个社会经济即陷于危机之中。

当我们把整个国家看作是一个类人生物体时，经济危机的发生则相当于类人生物体生病了，政府作为整个国家的管理组织，不可能无动于衷置身事外，必须寻求尽快化解危机恢复正常的措施。而凯恩斯开出的药方是要求政府加大投入，其意义在于挽救市场组织，减缓市场组织的连锁性崩溃，因为大量组织的崩溃会造成社会生产率的降低。凯恩斯的策略可以在一定程度上缓解经济危机的第一波冲击，因此，很多国家在面临经济危机时，往往会采用凯恩斯的策略，但是，挽救哪些市场组织，以及如何挽救，成为考验政府决策能力的考题：措施得当，挽救了正确的市场组织，经济危机会在较短时间内平复；措施不当，挽救了不能为市场带来有效供给的市场组织，则经济危机迁延不愈。

政府加大投入的资金来源只有税收、发债和印钞。增加税收在经济危机期间无异于杀鸡取卵；而印刷钞票无异于用假币换取真币，这会严重降低政府的信用度，对于解决经济危机期间社会信用度降低的问题无异于抱薪救火；那么看上去最为稳妥的是发行国债，即用未来的钱，救今天的急。

政府发行国债本质上同样是投放超量货币，在短时间内还是会造成通货膨胀，这些超量货币依然会稀释现有货币中携带的价值信息。通货膨胀对不同阶层的人影响是不一样的，政府投放货币会呈现涟漪效应，越接近政府的人，处于社会排序越高的人越早、越多得到超量发放的货币，越是远离权力中心的人，越晚、越少得到货币，客观上使得社会资源向指挥阶层和行动阶层的上层流动。我们可以看到这样的现象：国债发行越多越频繁的国家，其社会阶层固化就越严重，行动阶层中的一些人不断被超发的货币稀释其原有资产，这使得行动阶层很难通过资金积累构建自己的经济组织，而新兴的、小型的经济组织亦很难发展壮大，从而抑制了新经济组织的诞生。

通货膨胀对原有货币具有稀释作用，使得积存货币的人选择兑付以免更大损失，从而迫使其进入市场使用货币兑换商品或服务，以达到恢复经济运行的目的。但是，这些购买活动往往是为了躲避货币贬值风险的，对于市场来讲，不一定是一个正确的信息。错误的信息在一定时期内会改变资源再分配的流向，这会延缓市场的自我修复。经济危机过后，由于新工具、新组织形式等的改变，这使得社会获得工具型进化和组织型进化，在市场中，竞争优胜者建立了更高效的组织，使用了更先进更高效的工具，掌握了更多的资源，社会生产效率变得更高。社会生产效率的提高也使得更多的劳动力进入非生产性部门，形成新的社会资源平衡。

通货膨胀虽然会降低政府的信用，但会加大政府对社会资源的控制比例，指挥阶层和行动阶层的上层人员，由于在这一过程中获得了更高的排序，控制了更多的资源，他们为避免在市场竞争中失去这些资源，就不断地提高政府干预市场的欲望，这就是为什么很多国家的政府在经济危机之后，由民主政体转向专制政体的原因。

18.20　市场失灵

常规意义上的市场失灵是指市场无法解决资源向优势人群配置、或缺乏效率的时候，这时候即为市场失灵。此外，萨缪尔森和诺德豪斯也把市场导致的“难以接受的收入和财富的不平等”，以及“商业周期”“低经济增长”等宏观经济问题归为市场失灵的范畴。我们在之前说过，由于市场机制是指挥阶层和行动阶层双方共同作用形成的一种机制，市场的失灵究其原因，必然是双方共同造成的，既有指挥阶层的限制措施方面的失误，也有行动阶层突破管制的原因。经济危机无疑就是典型的市场失灵的表现，通过观察市场中的监管者——政府和参与者——经济组织在经济危机中的行为，可以得出这样的结论：决定性新工具的出现要求有新型的经济组织与其相适应，市场参与者通过演变经济组织来适应新工具，形成银行信贷，以及有限责任公司等市场组织形式，对于这些新型市场组织并没有与之相适应的市场监管体系，其组织创建者的风险与收益不能匹配，造成大量资源被配置到无能力的人手中。如有限责任公司制度，大大降低了组织创建者的风险，鼓励了市场组织的创建，却提高了与之交易的其他市场组织的风险，一旦出现市场热点时，很多创建者就会利用信贷资金的杠杆作用，秉持“成则百利，败则一失”的心态建立组织，其组织一旦在竞争中失败，就会导致与之相关的市场交易方遭受重大损失。适当提高有限责任公司创建者和经营者的风险，抑制过度投机心态，是弥补这个市场监管漏洞、解决经济危机的手段之一。

萨缪尔森和诺德豪斯所谓的“难以接受的收入和财富的不平等”并非是市场失灵的表现。如果一个社会成员具有高效率利用资源的能力，他就应该持有这些资源，当他建立组织并且能够带领组织实现高效率的生产，以及实现了效率溢出，提高了整个国家和社会的生产效率，那么，他拥有的高收入和财富就是合理的。另外，从财富的本质看，财富是一个人所处社会位置的标志，一个人的财富并非是指他拥有的物品量，而是其物质或意识的交换频次，即财富是以交换频次来衡量的。缩小贫富差距，只能依靠提高贫穷者的生产效率，提高其与他人的物质或意识的交换频次，而不是剥夺富有者持有的物品，或取消其组织。

很多经济学家还认为是垄断导致市场失灵，这一观点并不准确。垄断的本意是阻止竞争者进入，阻止进入的手段只有两类：一类是暴力手段禁止，即暴力垄断，如政府特许或商户利用暴力组织阻止竞争者；另一类是市场手段阻止，即市场垄断，例如，原有生产者设立技术壁垒，或用规模效应降低售价与成本之间的差距，形成规模壁垒。暴力垄断阻止了商品扩散效应，只让一部分市场参与者享受到特定商品和服务，这导致了市场失灵，亦即只有暴力垄断才会导致市场失灵。市场垄断是市场竞争的表现，当原有生产者建立技术壁垒获取高额收益时，则会吸引大量的市场竞争者研究新技术，以期对其技术壁垒进行突破，对技术壁垒的突破使得科学和技术获得发展，当原有生产者建立规模壁垒时，往往会不断改进技术，提高生产效率，并降低单位产品的获利空间，以批量规模效应获取收益，这使得后来者难以获得足够的利润支持其在此领域的发展。但是，批量化生产的商品只能是向社会的中下层提供的，随着社会上层的新奇特商品的出现，及商品扩散效应，原有产品的规模壁垒会自然消除。技术壁垒和规模壁垒所形成的垄断，是市场竞争的结果，打破此类垄断，必须要靠市场竞争，而不是依靠指挥阶层的暴力摧毁，如制定反垄断法等。

18.21 租值消散理论的局限性

租值消散理论或租值耗散理论(The Theory of Rent Dissipation)是当代产权经济学的重要理论之一。租值消散理论的核心是，本来有价值的资源或财产，由于产权安排方面的原因，其价值(或租金)下降，乃至完全消失。租值耗散的租值，概念一向不是很严谨，它是指无主的、没有界定为谁所属的资源或财产，其租值会在他人的争夺下消散，甚至完全消失。

但是，租值消散理论的基础并不坚实，正如自然界中所有的生存资源都会被生物体占据一样，人类社会也不存在无主的资源或财产，因为一旦出现无主的资源或财产，发现者必然会第一时间占有它，当存在多个发现者时，可能会发生争斗，也可能会协商瓜分无主的资源或财产。租值消散理论与剥削理论、水钻悖论一样都是站在第三人或是站在经济学家的角度，来看待实际生活中的交换活动。之所以出现经济学家们认为的无主的资源或财产，其实质是资源或财产的权利人无能力或无意愿对其进行管理控制，非权利人一定会伺机侵占这些资源或财产，非权利人如果能够击败权利人，则会全部占据这些资产，如果不能战胜权利人，则会占据部分或获得短期资产收益。侵占者十分清楚这些资源或财产并不属于自己，也十分清楚他只能从这些资源或财产中获取短期的、微薄的利益，侵占者并不会努力使资源或财产更加有价值，因为，一旦有较高的收益就会引起权利人的重视，而侵占者就会丧失获取短期的、微薄的利益的机会，这就是造成一项能够产生较大收益的资源或财产仅仅产生较小的收益的原因，亦即租值消散的现象。租值消散的现象并不是产权不清晰造成的，而是竞争不充分造成的产权无法顺利转移。例如，在关于公地和海洋渔场的案例分析中，公地并非是无主的，一般来说公地属于帝王、领主、政府等社会的指挥阶层，当公地的收益不足以引起指挥阶层管控意愿时，公地就会被其他非权利人使用并获益，非权利人很清楚地知道如果公地成为良田或其他高价值用地，能够产生较高收益时，就会被权利人（如帝王、领主）收回，非权利人就会丧失收益。为了保持现有收益，非权利人会故意降低使用公地带给自己的收益，这是公地悲剧发生的原因。

英国工业革命时期发生的“圈地运动”，就是土地的真正所有者领主们发现原本没有什么价值的草地，通过养羊可以获得高价值的羊毛，于是把农户们原本无偿占有的“公地”收回。另一个例子，海洋渔场如果是公海渔场，资源充足时，渔夫们各自捕捞，资源不足时，渔夫们会发生争夺甚至争斗，力量弱小的一方会退出渔场，力量相当时则按比例分配渔场。真正出现由于渔夫们滥捕滥捞导致渔场崩溃的租值消散现象，往往出现在由政府拥有产权、却无意愿管控的渔场。渔夫们不敢使用暴力争夺的手段驱逐其他渔夫独霸渔场，也无法与其他渔夫达成渔场分成，只能滥捕滥捞，竭泽而渔。

租值消散现象往往发生在竞争不充分的环节。资源的价值在持有人手中得不到体现，资源的效用得不到有效发挥，却因为存在市场管制行为，使得资源无法通过市场竞争转移到其他人手中，在这种情况下，非权利人必然会短期控制这些资源获取少量产出，这能够部分提高资源利用效率，但不能达到这些资源的最高效用。竞争不充分、资源无法通过市场竞争转移到最高效使用者手中，则往往是政府管制的结果。

很多人总希望政府能够多建设公共设施，增加公共福利，这也是典型的侵占公地的心理在作祟。但事实上，政府为了增加公共福利，就必须通过征税、发行货币以及举借公债等途径获得收入，而无论是哪一种途径，成本最终还是会转嫁到老百姓身上。由于相对于私人，政府在提供公共服务时效率往往更低，因此那些本想获取“免费午餐”的人最终得到的往往是一份更加昂贵的午餐。

18.22 自由贸易与贸易壁垒

大多数经济学家都认为自由贸易促进了经济发展，提高了社会整体的生产效率和资源利用效率。从表面上看，人与人的交换的确是有利于双方的利益的，交换双方都满意了，交换双方的生产效率都得到了提高；但是从交换的本质看，交换行为仍然是一种争夺资源的竞争行为，交换双方获得了收益，提高了各自的生产效率或资源利用效率，而被排除在交易之外的第三方竞争者则由于丧失了交换机会，不得不继续寻求其他交易者，这个寻找过程使得第三方损失了一些生产效率或导致了资源利用效率有所降低。人口聚集的市场或交通、信息沟通手段的发达，可以降低第三方寻找其他交易者的付出，因此，城市化率的提高可以提升社会的总体生产效率和资源利用率。

如果因为社会制度或规则限制了一些人或组织参与某些交换，那么这些人或组织的生产效率或资源利用效率就无法通过交换得到提高，其社会排序相对于参加交换的人来讲，就会被大幅度降低。如果受限制的人不能寻求到其他合适的交换对象，这些人或组织的生产效率或资源利用效率也会降低，甚至会在竞争中失败消亡。如果受限制的人，他们比被允许参与交换的另外一些人更适合拥有这些资源，那么，就会形成逆淘汰，社会总体生产效率和资源利用率就会降低。自由贸易可以避免出现上述逆淘汰的现象，因此，可以提升社会总体生产效率和资源利用率。

综合来看，交换双方所提高的生产效率和资源利用效率，要减去交易竞争者的第三方损失的生产效率和资源利用效率，交换过程中，提高了资源利用效率的人，如果能够继续提升效率，则会组建个人的组织，吸收其他个体加入其组织，这就会将其效率溢出给其他人，而使得社会的整体效率获得提高。

在一个封闭的社会里，自由贸易使其总体的生产效率和资源利用效率一定是提高的。在一个开放的社会里，如国家与国家之间的自由贸易，则有可能会使其中一个国家的整体生产效率和资源利用效率降低。其原因在于尽管贸易可以提高各个国家中直接参与交易的双方组织对资源的利用效率，但却会降低各个国家中未能参与交易的第三方的生产效率和资源利用效率，如果参与交易的组织生产效率和资源利用效率，没有得到足够多的提高，或未能实现效率溢出，则这个国家整体生产效率和资源利用效率是会降低的。

市场如战场，在市场中，人与人的交换活动充满了竞争。人们通过市场交换提升自己的效率和价值，力求使自己的社会排序更高，获取更多的资源。国家与国家之间的自由贸易同样充满了竞争，与自由搏击很相似，进行自由贸易的两个国家，各自国家中弱势产业部门的从业人员由于生产效率偏低、资源利用效率低，而丧失交换机会，被淘汰出局，从而变得贫穷失败。以中美两国之间的贸易为例，中国的廉价纺织品销售到美国，击溃了美国纺织业，其从业人员遭受失业打击，中国的纺织业得到了高速发展，效率获得提升；而美国的软件和微电子芯片产品销售到中国，使得中国的软件产业和芯片产业遭到压制，难以快速发展，而美国软件产业和芯片产业得到了高速发展，效率获得提升。如果中国纺织业提升的效率大于软件和芯片产业损失的效率，则中国总和生产效率获得提高，如果美国软件和芯片产业提升的效率高于纺织业损失的效率，则美国总和生产效率也获得提高，总和生产效率提高更多的那个国家，就是国际自由贸易的获胜者。

发达国家与发展中国家的贸易过程中，损失的往往是低生产效率的传统产业，获得提升的是高生产效率的高科技、高技术产业。高科技、高技术产业的效率提高，所带来的效率溢出足以弥补传统产业遭受的损失，其总和效率远比发展中国家提升得高，因此，自由贸易的获利者大多是发达国家，发达国家借自由贸易的机会实现产业升级，将弱势产业中的企业和人员转入其他行业。由此，在纯粹的自由贸易条件下，发达国家与发展中国家的实际差距并不是越来越小，将是越来越大。发达国家与发展中国家进行自由贸易，各自国家都会有竞争失败的弱势产业，如果这些行业的资源和人员不能顺利转入其他行业，他们将会成为国家的负担或不安定因素，而强势产业部门的从业人员由于生产效率相对较高，资源利用效率高，则从对方国家获取更多的资源，这部分的人员变得富裕成功。对于一个国家来讲，就是一部分产业获益，另一部分产业受损，当把国家看作是类人体时，就好像嘴巴里吃到对手的一块糖，而脚指头却被对手砍下，如何能更多地吃到糖而不被砍掉脚趾，是每一个参与自由贸易国家的指挥阶层所必须考虑的。因此，我们往往看到，生产效率高、资源利用效率高的国家不断推进贸易自由化，生产效率较低的国家则对贸易自由化疑虑重重。

吃到糖的“嘴巴”一直在喊贸易自由好，而被砍掉脚趾的“脚”，却痛苦不堪，强烈要求建立贸易壁垒，进行贸易保护。国家的指挥阶层当然愿意更多地吃到糖，并砍掉其他国家的“脚趾”，却不愿意自己的“脚趾”被砍掉，因此，各国都对自己的弱势产业进行一定程度的补贴，而生产效率较低的国家则由于无力补贴弱势产业，弱势产业中的企业就会大量破产倒闭，乃至产业消亡，这些国家就不得不依赖贸易伙伴国家的相关产业的产品输入，从而在贸易中变得更加贫穷和脆弱。

国际间的自由贸易的日趋繁荣，逐渐形成了国与国之间的产业分工，各个国家生产各自的一部分优势产品，形成产业相互依赖的关系。但这并不表明资源竞争的消失，而是进入到国家间相互依赖的竞争中，被依赖程度更大的国家能够控制更多的资源，依赖别国程度更大的国家则会丧失更多的资源。

参考文献：

1.（英）亚当·斯密著，郭大力、王亚南译：《国富论》，上海三联书店2009年版。

2.（美）N·格里高利·曼昆著，梁小民译：《经济学原理》（上下册），机械工业出版社2003年版。

3.（英）大卫·休谟著，曾晓平译：《道德原则研究》，商务印书馆2001年版。

4.（美）巴林顿·摩尔著，王茁、顾洁译：《专制与民主的社会起源》，上海译文出版社2012年版。

5.（英）阿尔弗雷德·马歇尔著，章洞易译：《经济学原理》（全两卷），北京联合出版公司2015版。

6.（美）奥利弗·E.威廉姆森，段毅才、王伟译：《资本主义经济制度——论企业签约与市场签约》，商务印书馆2002年版。

7.张明著：《负熵与货币——经济学的重构》，浙江大学出版社2002年版。

8.（奥地利）埃尔温·薛定谔著，张卜天译：《生命是什么——活细胞的物理观》，海南出版社2016年版。

后 记

本书成稿之日，正是新冠病毒肆虐于世界之时，世界各国的经济活动都处于停滞或大幅度放慢的状态，很多国家都出现了不同于以往的经济危机和政治危机。如何应对危机，成为各国管理阶层面临的棘手问题，不出所料，凯恩斯的“有效需求不足”理论被再次启用，而对政府干预市场的质疑和反对声音也再次响起。

从笔者的角度看，一个国家就是一个类人体，政府是类似大脑、神经系统的指挥系统，各个公司、工厂、银行等市场组织构成了类人体的躯干四肢等支持系统。当人体生病时，人体自身的免疫系统会自动运行力求解决问题；大脑感觉到问题严重时，也会主动寻求解决办法，如果大脑寻求的解决办法能够助力免疫系统，则疾病会被击退，人体重又回到健康状态。如果大脑寻求的解决办法阻碍了免疫系统，其后果甚至还不如仅仅依靠免疫系统自行解决问题。上升到国家的层面，当面临经济危机时，尽管市场会自我修复，但是经济或政治损失有时是难以承受的，政府等指挥系统的无所作为，并不是最好的解决办法；而找到正确的经济运行规律，是政府等指挥系统的助力市场组织摆脱经济危机的前提条件，这也是经济学家的责任。

本书没有使用通常的统治阶级、被统治阶级等词汇，而是引入了“指挥阶层”“行动阶层”等名词，这是因为前者具有强烈的对抗性意味。笔者认为人类组织更接近于一个类人体，组织中的个体之间处于共生状态，一些人为组织提供了类似大脑的功能，一些人为组织提供了类似手足的功能，他们共同构成一个有机体，与生物体一样会新陈代谢。组织会不断引进一些人，排除另一些人，组织中的个体并非处于绝对平等的共生状态，每个人对于组织的重要性是不同的，因此，在组织中必然存在排序。受到达尔文进化论的作用，个体之间会为利益争夺排序，个体之间虽然有利益矛盾，但是，依然有更大的共同利益，只有当共同利益不足以弥合矛盾时，组织的个体之间才会发生对抗性斗争，甚至导致组织的解体。

薛定谔在他的《生命是什么》一书中说过“生命以负熵为生”，当达尔文创立了《进化论》，就立刻被引入了人类社会，成为“社会达尔文主义”，其“性选择学说”和“累赘学说”也被一些科学家、经济学家用于解释人类社会的经济现象。笔者根据前人的探索与努力，将上述自然规律以客观的视角，观察其作用于人类社会的方式，并粗略解释了部分现有的经济学规律以及经济现象。

人类社会的政治和经济发展的规律，一定还受到其他的自然规律的作用，本书仅为抛砖引玉，期待有更多的作用于人类社会的自然规律被发现，为人类社会的发展提供坚实的理论基础。

周 钧

2020年初夏于邯郸古城